"中国劳模"系列丛书

U0628740

独具匠心的发明牛人

牛德成

黄放◎著

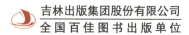
吉林出版集团股份有限公司
全国百佳图书出版单位

图书在版编目（CIP）数据

独具匠心的发明牛人：牛德成／黄放著. -- 长春：
吉林出版集团股份有限公司, 2024.9. --（"中国劳模"
系列丛书／徐强主编). -- ISBN 978-7-5731-5269-5

Ⅰ. K826.16

中国国家版本馆CIP数据核字第2024YX4669号

DUJU-JIANGXIN DE FAMING NIU REN：NIU DECHENG

独具匠心的发明牛人：牛德成

出 版 人	于　强	
主　　编	徐　强	
著　者	黄　放	
组稿统筹	东北师范大学文学院创意写作研究中心	
责任编辑	王丽媛	
助理编辑	张碧芮	
装帧设计	张红霞	

出　　版	吉林出版集团股份有限公司	
发　　行	吉林出版集团社科图书有限公司	
地　　址	吉林省长春市南关区福祉大路5788号　　邮编：130118	
印　　刷	唐山富达印务有限公司	
电　　话	0431-81629711（总编办）	
抖 音 号	吉林出版集团社科图书有限公司　37009026326	

开　　本	710 mm×1000 mm　1／16	
印　　张	9.5	
字　　数	120 千字	
版　　次	2024 年 9 月第 1 版	
印　　次	2024 年 9 月第 1 次印刷	

书　　号	ISBN 978-7-5731-5269-5	
定　　价	58.00 元	

如有印装质量问题，请与市场营销中心联系调换。0431-81629729

序 言

　　劳动创造财富，劳动创造幸福，劳动创造未来。习近平总书记在2020年全国劳动模范和先进工作者表彰大会上的讲话中指出："全社会要崇尚劳动、见贤思齐，加大对劳动模范和先进工作者的宣传力度，讲好劳模故事、讲好劳动故事、讲好工匠故事，弘扬劳动最光荣、劳动最崇高、劳动最伟大、劳动最美丽的社会风尚。"当今世界，综合国力的竞争归根到底是科技人才和高素质劳动者的竞争。改革开放以来，我们强大的工人队伍用辛勤的劳动和拼搏奉献的精神推动中国制造、中国智造、中国创造走向世界的前列，新时代的中国面貌日新月异。大力弘扬劳模精神、劳动精神、工匠精神，加强高素质技能人才队伍建设，打造一支宏大的知识型、技能型、创新型劳动者队伍，是伟大时代赋予我们的历史责任。

　　劳动模范是民族的精英、人民的楷模，是共和国的功臣。自改革开放以来，广大职工勇立改革潮头，独立自主，奋发图强，勇于创新，其中涌现出一批批全国劳模和大国工匠。他们参与建设了代表中国高度、中国速度、中国深度的一系列重大工程，提升了国家实力，打造了"中国名片"，树立了"中国品牌"，增添了"中国力量"，充分释放出工人阶级的创新活力，展示出大国工匠的强大创造力。他们以工人阶级的满腔热忱在各自平凡的工作岗位上取得了辉煌的成绩，书写了新时代的壮丽篇章。

爱岗敬业、争创一流、艰苦奋斗、勇于创新、淡泊名利、甘于奉献的劳模精神，崇尚劳动、热爱劳动、辛勤劳动、诚实劳动的劳动精神和执着专注、精益求精、一丝不苟、追求卓越的工匠精神，是广大劳动群众在社会生产实践中锤炼形成的弥足珍贵的精神财富，是工人阶级伟大品格的具体体现，是民族精神和时代精神的生动诠释。民族复兴需要劳动模范，祖国强盛需要大国工匠，中国制造、中国智造、中国创造更需要大国工匠的强有力支撑。劳模、工匠等的成长故事、先进事迹中承载的劳模精神、劳动精神和工匠精神，是激励全国各族人民团结奋斗、勇往直前的强大精神力量。

"中国劳模"系列丛书，采用图文结合的方式，讲述全国劳模、大国工匠和先进工作者们的成长经历及他们追梦、筑梦、圆梦的故事，用他们在平凡岗位上创造不平凡业绩的真实故事感染读者，推动形成劳动最光荣、劳动最崇高、劳动最伟大、劳动最美丽的社会风尚，引导广大技术工人和青少年形成劳动光荣、技能宝贵、创造伟大的观念。

"匠心筑梦，强国有我。"新时代是一个万象更新、生机勃勃的时代，也是一个继往开来、创新创业和建功立业的大时代。希望广大读者能以劳动模范为榜样，以大国工匠为楷模，立志技能报国、技术强国，踔厉奋发，勇毅前行，锤炼思想品格，汲取劳动智慧，勇于担当、勤于钻研、甘于奉献，为推进新型工业化和乡村振兴，为加快建设制造强国、质量强国、航天强国、交通强国、网络强国、数字中国、农业强国，全面建设社会主义现代化国家贡献青春力量。

中华全国总工会副主席（兼）

中国航天科技集团有限公司第一研究院

211厂14车间高凤林班组组长

2022年11月

一个初中就辍学的农家孩子，接触课堂的时间十分有限，可他几十年如一日，痴心于钻研，着迷于发明。日复一日，年复一年，他终成了声名远扬的"齐鲁大工匠""国家电网有限公司首席专家"。

在鲁西南，牛德成的名字可以说家喻户晓。2022年，在首届山东省青少年科技节的青少年科普作文征集活动中，山东省成武第一中学的黄琳铄同学以牛德成为主人公创作的参赛作品《身边的"科学家"》斩获大奖。牛德成的工匠精神传遍校园，激励着广大中学生，足见其非同寻常的影响力。

在众人眼中，他就像那璀璨的星辰，让人仰望，让人崇拜。然而，现实中的他，却如同普通的沙砾，平凡而朴实。他并没有因为自己的成就觉得高人一等，反而更加谦逊低调，过着平凡而普通的生活。

他视自己为一粒尘埃，在芸芸众生间，隐入人海，在自己那充满奇思妙想的世界里默默努力着。

中等的个头、黝黑的脸庞，加上微微的驼背，牛德成的外貌与常人没有任何不同之处，让人很难将他与科技发明、科技创新联系在一起。

可他的28项发明专利和30项实用新型专利成果赫然在目，并已成功转化为实用技术，创造出极大的经济效益。累累硕果谱写了一名基层科技人员的精彩人生。

牛德成曾获得"全国五一劳动奖章""齐鲁首席技师""齐鲁大工匠""山东省富民兴鲁劳动奖章""国家电网有限公司首席专家""山东好人"等荣誉，并当选为山东省人大代表。

这个人，你不得不服，也不能不服！

目　录

第一章　苦乐少年 // 001

　　有"德"有"成" // 003

　　"德""成"兼备 // 005

　　"打破砂锅" // 007

　　发明少年 // 011

第二章　初出茅庐 // 015

　　梦想 // 017

　　梦殇 // 019

　　负重 // 021

　　破茧 // 025

　　蝶变 // 028

第三章　风雨兼程 // 031

　　姻缘 // 033

　　愧疚 // 035

　　下岗 // 039

　　打工 // 041

　　突围 // 043

　　助残 // 046

第四章　奔向彩虹 // 049

　　"触电" // 051

　　入职 // 054

牛劲　//　056

捉"鼠"　//　060

| 第五章　锲而不舍　//　063

深深刺痛　//　065

空中飞线　//　067

擦肩死神　//　070

厚积薄发　//　074

| 第六章　牛气冲天　//　079

责任担当　//　081

才聚"硅谷"　//　083

匠心传承　//　085

再遇死神　//　089

鎏金名片　//　093

| 第七章　星光闪耀　//　101

荣耀时刻　//　103

辉耀泉城　//　106

"职工院士"　//　109

萧山论剑　//　111

"牛"言"牛"语　//　114

代表挚言　//　116

| 第八章　多彩人生　//　121

百米长卷　//　123

反哺跪乳　//　126

永远的痛　//　129

善行善举　//　131

爱心火种　//　135

| 尾声　魅力感召　//　140

第一章　苦乐少年

扫码解锁

◉群英颂歌 ◉发明历程
◉创新不辍 ◉奋斗底色

有"德"有"成"

1969年，牛德成呱呱坠地，成了家中第五个孩子，前面还有四个姐姐。在外工作的父亲希望儿子长大后德才兼备、事业有成，就给他起名德成。

尽管父亲是十里八乡少有的中专生，出类拔萃，可他常年在外工作，一年难得回家几次，家中里里外外全靠母亲一人。

当牛德成五岁的时候，母亲又给他生了个弟弟。一个女人带着六个孩子，其生活的艰辛可想而知。

尽管生活困苦，但母亲没有被窘迫的生活压倒，她勤劳、乐观、乐善好施的品德深深烙印在牛德成心中。

为了能多挣工分，尽可能多分点儿口粮养活六个孩子，母亲专挑重的、脏的活儿干。男人能干的活儿，她照样能干。

收工回到家中，她还要打起精神给孩子们做饭、洗衣服。在牛德成眼里，母亲如铁打的一般。天大的苦，母亲都能吃；天大的困难，母亲都能克服。

生产队里要挖河道，需要挑选身强力壮的男劳力，可母亲第一个报了名。这种活儿根本不适合女人干，队长担心她吃不消，不让她参加，最终在她的软磨硬泡下队长才让她加入。

工地上，她是唯一的女性，却和男劳力一样，一身汗一身泥地干活儿。半个多月的时间，她为孩子们挣回了三斤玉米面和十多个白面馒头。

只要孩子们不挨饿，什么样的苦她都能吃，什么样的困难她都可以克服。

在牛德成的记忆里，母亲是顶天立地的女人，没有能压垮她的事儿，没有她过不去的坎。母亲看似弱小的身躯蕴藏着巨大的能量，一直支撑着这个贫穷的家。

母亲吃苦耐劳、坚毅刚强的性格，深深影响着牛德成，不仅复制粘贴在他身上，更烙印在他心灵的深处。

村里有一处池塘，一到夏天，那里便成了孩子们玩耍的天堂。比牛德成年龄稍大的伙伴们就会一个个地跳进去，他们一会儿沉入水中，一会儿浮出水面，像鱼儿一样尽情地嬉戏。

在岸边的牛德成羡慕极了，可他不会游泳，只有眼巴巴看着。他在心里暗暗发誓，一定要学会游泳。

于是，他在细心观察小伙伴们的动作后，跃入水中，谁知一串串水泡冒出，他却慢慢沉了下去。小伙伴们发现后，奋力把他拽出水面。

呛了水的牛德成坐在岸边，痴痴地看着小伙伴们嬉戏的身影，不服输地又一次跳入水中……

就这样，一次次失败，一次次重来，短短几天的时间里，他便学会了游泳。

"犟"字是"牛"头上顶着"强"，这个字在牛德成身上表现得淋漓尽致。执着、不服输是他的底色，也为他日后遨游发明殿堂增添了一股神奇的力量。

母亲刚强的性格养育出了牛德成不服输的个性，其乐善好施、助人为乐的品德则潜移默化地让牛德成在日后与志愿服务结下了不解之缘。

母亲古道热肠，是远近闻名的"知心大嫂"。尽管自己生活拮据，可她总是竭尽所能帮助邻居们解燃眉之急；谁家遇到什么难题，总是找她想办法、出主意。

母亲也是出了名的"绣匠"，她绣的象征吉祥平安的虎头帽、虎头靴栩栩如生。谁家生了孩子，她总是第一时间送过去；谁家姑娘要出嫁，她送去的刺绣饰件也是备受欢迎的贺礼。

在牛德成幼小的心灵里，母亲的一言一行熏陶着他的"德"，而永不认输的品性孕育着他的"成"。

"德""成"兼备

俗话说，父母是孩子最好的老师。牛德成的父亲一直以身作则，用自己对社会、对家庭的努力付出，影响着牛德成。

母亲给了牛德成善良、刚强、温柔的性格，而父亲则倾心培养他勇敢、理智、达观的品性。平时，父亲难得回家，可他从没放松过对牛德成的教育。

牛德成对新鲜事物充满了好奇，见到没接触过的东西都想尝试去摸摸、看看，甚至把这些东西拆得七零八碎。

父亲知道这是牛德成有求知欲的表现，也是他获得知识和技能的重要途径，牛德成拆坏东西父亲也从不训斥他，而是心平气和地告诉他："你应该想想怎样把这些零碎的东西再拼凑好，而不是到此为止，动动脑筋你一定会有办法的。"父亲时常鼓励他要养成勤于思考的习惯，培养他的自信心和承受挫折的能力。

父亲是水利工程技术员，每逢回到家中，白天忙完责任田里的活儿，深夜就沉浸于水利工程的设计工作，图纸铺满了地面。

牛德成蹲在父亲身边，看着图纸上一个个线条和符号，充满了好奇和敬佩。

父亲因势利导，告诉他："人一定要有一技之长，才能立足于社会，才能成为有用之才。"

在同事眼里，父亲理性、谦让，容人容事的雅量让人佩服。父亲始终宽以待人，总能换位思考，将心比心，大度谦让，也能尽量去理解人、谅解人，对人对事从不计较，赢得了同事和街坊邻居的赞赏。

牛德成清楚地记得，邻居建房没有提前跟爷爷商量，私自占了爷爷家里的一部分宅基地，爷爷找上了邻居，要求扒掉建在自家宅基地上的房子。

原本两家交情尚好，常相互帮衬、走动。父亲得知后，就劝爷爷不要与邻居争吵。

老实巴交的爷爷拗不过这个理："占点儿行，可他起码得给咱打个招呼吧？"

父亲耐心地开导着爷爷，讲起几年前奶奶生病邻居帮忙筹钱的事儿，爷爷陷入了沉思，没有再去理论。

父亲又让理亏的邻居给爷爷道了歉，爷爷也没有再坚持下去，事情得以解决了。

从此以后，两家人不但没再发生过争吵，而且还和睦相处，引来其他邻居们的羡慕。这件事让牛德成印象深刻。

父亲常常告诉牛德成"与人方便、自己方便"。为他人着想，不仅能考验一个人的德行，也能获得别人对自己的善待。得理让人，不仅是一种宽容，也是一种人脉的积蓄。

每当与别的小朋友发生争执的时候，牛德成就会想到父亲的话，谦让、宽容的品性也在牛德成身上体现得淋漓尽致。

孩提时代，父亲的一言一行、一举一动影响着牛德成，熏陶着他，父亲宽容谦让、积极向上的品性给他树立了榜样和标杆。

父亲对牛德成朴素的希望——有"德"有"成"，更深深植根于他朦胧的孩提时代。

"打破砂锅"

年幼的牛德成不是那种特别调皮捣蛋的孩子，他喜欢各种捣鼓，对任何事物都充满好奇，总想"打破砂锅问到底"。

一个简单的玩具、一只蚂蚁，他都能盯很久。他每天在家里翻箱倒柜，总想看看还有哪些地方藏着新奇的物件。家里人经常吃饭时找不到他，索性也不找了，因为不知他又躲到哪里捣鼓什么呢。

最让母亲头疼的是家里的小电器都成了牛德成捣鼓的对象。他常常把一些小电器偷偷拿出去，在一个隐蔽的地方反复地拆卸、组装，好端端的小电器让他拆得七零八落。拆完组装后，这些小电器要么多出个零件，要么少个零件，拆前能正常使用的小电器最终成了废品。

父亲一年难得回家几次，每次回家都会带点儿稀罕的东西。一次，父亲买回一台二手电视机，这可是村里的第一台电视机。

村里人得知牛家买了个有人有声的"方盒子"，劳累一天后，纷纷来到他家里看电视，这个"方盒子"也成了邻居们眼中的宝贝。一时间家里因为这个"方盒子"热闹了起来。

牛德成心里纳闷，这么小的玩意儿怎么会有这样大的吸引力？他想探个究竟，"方盒子"里到底隐藏着什么秘密。

可他没办法把"方盒子"弄到手，因为每次邻居们走后，母亲就立马把电视机收了起来，唯恐牛德成再搞出什么"幺蛾子"。

半个多月来，邻居们每天都会准时到牛德成家看电视。可牛德成却焦急如焚，一门心思想着拿到电视机研究研究。这天，机会终于来了，母亲白天劳累过度，没吃饭就卧床休息了，姐姐拿出电视机，和邻居们一起看完忘记收起来了。

等家人都睡着后，牛德成蹑手蹑脚，把电视机搬到了自己的"研究基地"，他畅想起即将实现的蓄谋已久的"事业"，心里美滋滋的。

强烈的好奇心使牛德成迫不及待地拿出早就准备好的手电筒和不同型号的螺丝刀、钳子等工具，开始了他的"探索之旅"。

可当他打开电视机外壳时，牛德成瞬间傻眼了！不同颜色的导线、大大小小的零件、曲曲弯弯的焊接线、形态怪异的"疙瘩"让他蒙头转向。

他不明白有声音有图像的电视机里竟然只有这些"破玩意儿"，于是，他认认真真地琢磨起来。

牛德成拆下一个零件，看一看显示效果；更换一下零件位置，听一听有没有声音。就这样，反反复复测试，他最后还是没有发现任何秘密。

他真的一头雾水！

时间在不知不觉中流逝，院里的鸡鸣声打破了黎明的寂静。牛德成却没有一丝睡意，一直在寻找声音是从哪个零件发出的，人像是从哪个零件"走"出来的……

天要亮了，邻居们晚上还要来家里看电视，更严重的是如果被母亲发现了，他的屁股是要被打开花的！

此时，他能做的就是把拆下的零件原位安装。

"秘密基地"外，母亲已经起床，开始了一天的忙碌。母亲匆忙的脚步声让他胆战心惊。

他要想方设法把散落一地的零件复原，把电视机送回原来的地方。可无论如何，拆下来的零件就是找不到原来的位置。

正当牛德成心急火燎、一筹莫展的时候，母亲急促的敲门声让他顿时紧张了起来。当母亲破门而入看到眼前的情景时，她勃然大怒，可想而知，牛德成遭到了应有的惩罚。

就这样，村里唯一的电视机坏了……

从此以后，母亲凡是遇到某些"高科技"的东西，她都会把它们藏起来，目的是提防牛德成再把这些"高科技"捣鼓坏了。

在牛德成的记忆里，因为他常常把他感兴趣的小家电拆了装、装了拆，好端端的家电变成了废品，所以他理所当然地成了家里挨揍最多的孩子，更是最不让母亲省心的孩子。

1977年八岁的牛德成到了上学的年龄，他乖乖地走进了教室。每天踢着石子去上学，表面上像个听话、温顺的孩子，可到了学校就是他的天地了。

在学校里，没有了母亲、姐姐的约束，他像出笼的小鸟一样放飞自我，喜欢做什么、想做什么，就做什么。

他对世界始终充满好奇心和探索欲，始终对新鲜事物保持着好奇。他总会提问：

"一加一为什么等于二？"

"日光灯为什么会亮？"

"桌子为什么有四条腿？"

"先有鸡还是先有蛋？"

…………

对于牛德成而言，眼前的世界里充满了十万个"为什么"。

　　而老师常常被他问得无奈却又欣慰，觉得这孩子与众不同，这种"打破砂锅问到底"的精神，也许将来会让他有大出息。

　　他是班里最活跃的孩子，每当下课铃声响起，他就成了"司令"。大大小小的孩子跟在他屁股后面，看他制作稀奇古怪的小玩具，听他讲"鸟儿为什么在树上筑窝"的故事。

　　性格倔强的牛德成小小年纪就有不达目的不罢休的"犟"劲儿，"失败了从头再来"是他的座右铭。

　　每当父亲骑破旧的自行车回家时，牛德成总是抓住短暂的时机，偷偷把自行车推出去练习。摔倒了，裤子被划破了，膝盖也出血了，他虽然很疼，可并没有因此而放弃。摔倒了爬起来，拍掉灰尘，扶起自行车继续练习。

　　牛德成虽然知道接下来可能还会摔得鼻青脸肿、鲜血直流，但为了尽快学会骑自行车，他没有放弃。摔倒了爬起来，又摔倒了再爬起来，直到自己学会为止。

　　最终，牛德成是村里同龄孩子中最先学会骑自行车的。

发明少年

　　少年时期的牛德成爱好广泛，围棋、书法、手工制作等他都喜欢，一把扫帚、一只水壶、一把扳手甚至捡到路边的一颗螺丝钉，都能让他兴奋地捣鼓半天。在钻研的过程中，牛德成也不知不觉地提高了自己的专注力和思维能力。

母亲整日在十多亩责任田里劳作，姐姐们与牛德成的年龄差虽然不大，但女孩子力气小，此时的牛德成承担起了家里的体力活儿。

牛德成清楚地记得，一次，他与弟弟一起将收割的麦子拉回场里打晒。半路上，因为刹车的绳子较松，满车的麦子一下子滑落下来，瞬间埋没了弟弟，牛德成被吓傻了。

他不顾被秸秆刺扎到的疼痛，一个箭步冲过去，拼命地扒啊扒，手被扎得鲜血直流，脸也隐隐作痛。最后，才在路过村民的帮助下，把弟弟"扒"了出来。

当弟弟从麦秆堆里爬出来时，兄弟俩看着彼此还流血的伤口放声大哭，闻讯赶来的母亲搂着两个儿子心如刀绞……

受伤的牛德成拿起系车的绳子发呆，他思索着如何能用最小的力气发挥最大的力量，牢牢地把麦子捆稳。

想着想着，他不顾伤口的疼痛，突然往家里狂奔。他从自己的"宝藏"里找到一个滑轮，又找出铁丝，把绳子固定在一端，然后将绳子绕过滑轮，很重的物品就可轻而易举被吊起。

他把这种方法用在拴捆麦子上，果然起到了意想不到的效果，麦子被稳稳地捆在车子上，再也没有出现过翻车现象。

周围的邻居得知后，纷纷找他，让他帮忙制作这样的工具。一时间，牛德成成了"发明小能手"。

与其说灵巧的脑袋让他具有了同龄人没有的奇异想法，不如说现实的残酷让他突发奇想，继而捣鼓出新鲜玩意儿来。

麦子翻车的事情让他心有余悸，可接下来的事情更让他终生难忘。

麦子收获了，家里的土杂肥要运到责任田里，兄弟俩又开始忙活起来。当他们用地板车装满土杂肥运到责任田里时，问题又出现了。

一铲一铲地卸肥又累又慢，兄弟俩就一人一边用肩膀企图掀起地板车。谁知，刚刚掀起，兄弟俩就被压了下来，车轮瞬间飞出，两个车把重重地砸在兄弟俩的肩膀上。幸亏旁边的邻居眼疾手快，及时赶到扛住了地板车，避免了一场不堪设想的悲剧。

惊魂未定的牛德成坐在地上又开始琢磨起来，怎么才能安全地把沉重的地板车掀起来呢？他苦苦思索起来……

那时的牛德成还没有学过杠杆原理，不知道什么是杠杆。小小的他拿着绳子发呆，只是在琢磨着怎样才能用最小的力气产生最大的力量。

夜深了，牛德成苦思冥想，翻来覆去睡不着，思考着寻找什么材料制作工具。

牛德成灵光一现，找齐合适的材料后，他马不停蹄地用锯条艰难地在钢筒上锉出台阶，手磨破了却全然不知。

就这样，他用杠杆原理解决了自己遇到的困难。邻居得知后，纷纷找他制作这样的工具。一时间，小小年纪的牛德成成了村里的"能人"。

…………

爱琢磨、能创新成了少年牛德成的代名词，小小年纪却能做出成年人想象不到的小工具，并且还能发挥大作用，牛德成成了远近闻名的小小发明家！

"科学"两个字对于少年牛德成来说是陌生的，他所做的一切完全出于好奇和兴趣，而正是这种好奇和兴趣，为他今后走技术研究之路奠定了坚实的基础。

第二章　初出茅庐

扫码解锁

⊙群英颂歌⊙发明历程
⊙创新不辍⊙奋斗底色

梦想

少年牛德成虽然喜欢"打破砂锅问到底"，喜欢琢磨，喜欢制作小工具，但从没耽误过学习。

少年牛德成心里一直装着一个梦想，考上大学，当一名科学家。为了这个梦想，他一直在努力。

虽然牛德成喜欢捣鼓，但他勤奋好学。在课堂上，他认真听讲，积极回答老师的问题，不懂的问题就向老师请教，语文、数学他都喜欢。

刚上小学，他的字写得不怎么好，语文老师鼓励他多练字，注意字的笔锋和结构，潜移默化中为他成为"书法家"播下了希望的种子，也为他日后创作百米长卷奠定了坚实的基础。

不少人感到莫名其妙，牛德成整天"捣鼓"着玩，有时候还用奇怪的问题"刁难"老师，但他的学习成绩却始终位居班级前列。

五年级的时候，他就把"书山有路勤为径，学海无涯苦作舟"作为座右铭，并把写着这句话的纸贴在自己的床头，提醒自己好好学习。

课前认真预习，课中专心听讲，课后及时复习。遇到问题他会究其根、追其因，打破砂锅问到底。

他对自己的作业要求非常严格，不仅书写规范，写完后，还反复检查。他做事有始有终，绝不拖拖拉拉，有时会因为一个问题熬到深夜，弄不明白就不睡觉。

牛德成每个学期都有明确的学习目标，并给自己制订切实可行的学习计划。

三年级的一次期末考试，他的目标是语文、数学都要考100分。为达到这个目标，他制订了复习计划，并把计划贴在了书桌最显眼的地方，时刻提醒自己努力学习。

功夫不负有心人，最终他如愿以偿。

进入初中，课堂上所学的内容已经满足不了他的需求和好奇心，于是他大量阅读书报，开阔自己的眼界。

在学校的图书馆里，他一待就是三四个小时，天文、历史、百科……从国内到国外的作品他都会翻阅。机智勇敢的孙悟空、疾恶如仇的鲁智深、多愁善感的林黛玉、足智多谋的诸葛亮等四大名著里面的人物，都给他留下了深刻的印象。

他的阅读面很广，经典童话、趣味故事、英雄事迹等如同一道道绚丽的彩虹，为他今后的人生涂上了明亮的底色。

成语故事、历史名著如同一滴滴甘露，滋润着他的心田；启智科普、百科全书如同无穷无尽的动力之源，在他心里埋下了一粒求知的种子。

这些丰富的知识储备，为他的梦想插上了一对美丽的翅膀，他努力地向着远方飞去，向着梦想飞去……

梦殇

　　1985年，正当牛德成踌躇满志，满怀希望，一步一步奔向梦想时，爷爷奶奶相继患病，高额的医药费让这个本来就不富裕的家雪上加霜，生活的艰辛几乎压垮了母亲。无奈，母亲迫不得已，只能让牛德成退学。正在上初三的牛德成不得不离开学校，离开这个怀揣着他梦想的乐园。

　　当收拾好书包，准备离开学校时，牛德成的眼泪簌簌落下。他一步三回头，舍不得离开常被他"刁难"的老师，舍不得离开与他朝夕相处的同学。

　　此时此刻，从没有过的沮丧和伤心涌上心头。

　　回家的路上，他边走边哭，引得路人怜悯，平常一个活蹦乱跳的孩子竟然哭得如此伤心。

　　回到家里，他闷在房间里不吃不喝，让人心疼。看到儿子近乎崩溃的状态，母亲深深地感到自责，但也无能为力。家里的状况根本没办法供他和弟弟两个人同时上学。奶奶卧病在床需要钱治病，爷爷继续治疗也需要钱，父亲的工资早已入不敷出。常年超负荷劳作，使母亲早早患上了风湿性关节炎。每到阴雨天，母亲的腿疼得如同针扎，几乎下不了床。

⊙ 1984年，牛德成初中时留影

因为想让儿子继续上学，母亲哭了好几个晚上。

可贫穷目前是这个家不可承受之重和过不去的坎。

伤心的母亲推开门，把闷在房间里的儿子紧紧搂在怀里，眼泪直流，打湿了牛德成的额头，娘儿俩的泪交织在一起。母子连心，此刻的母亲心在滴血，她觉得自己这样做，等于亲手扼杀了自己孩子的梦想，耽误了孩子的前途。看到心如刀绞的母亲，牛德成泣不成声。此时此刻，他突然成长了起来，真正理解了母亲。为了这个家，母亲含辛茹苦，四十多岁的年纪却早早被生活的重担压弯了腰。

"妈妈，您别难过！既然不上学了，我帮您撑起这个家！"

"行行出状元，条条道路通罗马，离开学校，我也会成才的！"

天生我材必有用，千金散尽还复来。

尽管如此，牛德成依然没有忘记心中的梦想……

负重

牛德成辍学后，为尽快从烦恼中走出来，他走出家门，来到责任田里，头顶烈日辛勤劳作。十六岁的他成了家里的顶梁柱，成了一名地地道道的农民。

十六岁，本是无忧无虑的花季少年；十六岁，本该在父母的庇护下无忧无虑地成长；十六岁，正是青春飞扬，灿烂轻狂的年纪。

可牛德成却挑起了家庭的重担。

也许是命运的安排，没多久，牛德成通过招工成了成武县化肥厂的一名工人。

从农民到工人，在那个年代称得上是一种升级，不知多少面朝黄土背朝天的农民兄弟期盼走出田野，成为"领工资"的工人。

牛德明白，从农民转变成工人，自己很幸运。他十分珍惜这份工作，憧憬着美好的未来。

上班报到的第一天，他被分配到装卸车间，成了一名装卸工。走在人高马大、五大三粗的工友们中间，他瘦弱的身板、矮小的个头显得与工友们格格不入。

工厂当时的生产条件比较落后，装卸原料、产品基本全靠人力。这对牛德成来说，是个严峻的考验。

他咬牙坚持着把上百斤的化肥袋子扛起来。高强度的动作机械地重复着，他实在承受不了，几次累倒在车间。

短短几天的时间里，沮丧、疲惫充满了他的生活。累得实在受不了了，他就躲在角落里偷偷地哭泣。他想放弃这份工作，但他一想到要帮助母亲撑起这个家，就只能硬着头皮撑着。

幸运的是，牛德成因为他的机灵和乖巧赢得了工友们的喜欢。小小年纪却干这么重的体力活儿，工友们看在眼里、疼在心里，都会尽可能地帮他一把。

车间里实行流水作业，每道工序都由不同岗位的工人完成，任何一个岗位出现操作失误都会影响整个工序的正常生产。

工友们心疼牛德成，给他调换到流水线上相对轻松的岗位。这是流水线上的最后一个环节，当自动打包成袋的化肥袋脱离传送带时，牛德成只需要随时调整化肥袋的方位，方便搬运岗位的工友搬运即可。可因为年龄太小，他还是感到十分吃力。

为了不让自己拖整个工序的后腿，牛德成站在自己的岗位前苦思冥想，决心找出省工、省力的办法。

下班后，他找来钢管、螺栓、套筒等原料，反复研究琢磨。最后，制作出了一个手动搬运化肥袋的工具。

通过这个工具，化肥袋子会被轻松撬动起来，极大地节省了牛德成的力气，提高了工作效率，更重要的是牛德成能跟上流水线的工作了，不再因为自己而影响正常生产。

牛德成喜出望外，满脸的愁容顿时云消雾散，天真无邪的笑容洋溢在脸上，他相信，一切困难和苦难都是一种考验，通过考验，就会迎来成功。生活再难，也不要忘了自己的梦想。

随着时间的流逝，生活的磨砺，很多人淡忘了自己的梦想，甚至会对现实妥协，失去追梦的勇气。但牛德成说："有梦就一定要努力追求。"

⊙ 牛德成（后排右三）全家福（摄于1986年）

破茧

在工厂里，尽管工作繁重枯燥，牛德成却能苦中找乐。他像只快乐的小鸟，穿梭在工友们中间，成了工友们的开心果。

牛德成似有一股拼劲儿、闯劲儿，没有他不敢想的事儿，没有他不敢干的事儿。只要有机会，他总想试一试。

厂区要刷写安全生产标语，2000多名职工没人能写得了，只能找专业人员。

一天，厂里找来的书法人员正在墙面书写。这位师傅先是画出字的轮廓，然后再填充，书写速度比较慢。牛德成从此路过，感到不可思议。

于是，他就悄悄走近师傅说："师傅，这样写字太慢，而且字还丑。"

衣服沾满油漆的师傅正兴致勃勃地写着，突然听到这么一个毛头小子对自己的工作评头论足，顿感自尊心受挫："我写了几十年的字，在县城里头一次听到这样的评价。"

师傅边想边转过头，看了看牛德成，不温不火地甩了句："要不，你来试试！"

"那就试试！"牛德成当仁不让，走上前去。

他先看了看要书写的标语——"厂兴我荣，厂衰我耻"八个字，然后，走到要刷写的墙前，迈开双腿丈量起墙面的长度，嘴里还念念有词，用手比量估算着每个字的位置。

牛德成写字习惯一气呵成，不需要描边、填充，因此写字用的排笔就比较宽，与这位师傅有着不同的风格。

比量完，他匆忙回宿舍取来自己的排笔。师傅看了看如此宽的排笔，感到十分诧异，他从来没使用过这样的排笔。

由于个子矮，牛德成调高师傅的凳子站上去，一笔一画写了起来，嘴里还不停地告诉师傅："写得不好，师傅您多包涵。"

当"厂兴我荣"四个字写完后，在场的人啧啧称赞，而师傅却依然不动声色，他清楚"衰"不好写，这个字很容易写砸。可牛德成写完"衰"字后，师傅的脸不自觉地红了。

当牛德成完成后，师傅震惊了：不仅字正、大小一致，而且写字速度还快。没想到，这小子还真有两下子。

从此，厂子里的大小标语、口号再也没有外聘专业人员写过。

工友们没想到，一个经常被累得哭鼻子的小子成了厂里声名鹊起的"书写家"。

工友们开始对牛德成刮目相看了！可更让他们感到不可思议的事情还在后面。

一次，厂里的合成塔坏了，急需维修。可要爬上高达三十多米的塔谈何容易，工友们面面相觑，没人敢爬上去。

聘请专业的技术人员维修又不是最优解，一是技术人员需要半个多月的时间才能从外地赶来，二是维修费用高昂。可合成塔停工一天都会造成巨大的损失，何况半个月？怎样才能把厂里的损失降到最小，厂长犯了愁。

这时，瘦弱的牛德成站了出来，他自告奋勇要爬上去维修合成塔。工友们用异样的眼光看着他，没有人相信他，厂长也觉得不可能。

十多层楼的高度，看着就害怕。没经过专业训练根本爬不上去，更不用说高空维修了。

初生牛犊不怕虎，十六岁的牛德成倒是信心满满，因为他曾制作过一组滑轮，这次终于可以派上用场了。

牛德成坐在滑轮架上，开始慢慢上升。

随着牛德成不断攀升，他的身影变得越来越小。高空中摇摆的身影，让塔下所有人的心绷得紧紧的。

经过半个多小时，牛德成用滑轮把自己拉上了塔顶。

为保护他的安全，厂里专门为他设置了防护网，并抽调三十多人随时待命。

当塔下的人都在为他捏一把汗时，他却快速维修好损坏的配件，稳稳当当地回到了地面，所有人悬着的心放了下来。

领导们服了，工友们服了。

厂里看到了牛德成的潜力，很快给他调整了工作岗位，把他调入了电工组。

梦想听起来确实虚无缥缈，但可以给牛德成带来前进的动力，让他发光发亮。梦想就像是黑夜里的星辰，大海上的灯塔，指引着他前进的方向。

曾经的梦想，如今又在牛德成的心中扬帆起航……

蝶变

至此，牛德成从一名装卸工成了一名电工，他用聪明才智改变了自己的处境。新的工作环境让他轻松了很多，辍学的阴影也消失得无影无踪，他完全适应了新的工作环境。

电力工作，对他来说是个全新的领域。尽管他小时候爱琢磨，稍微懂些电路知识，但那只是皮毛，工厂里配电盘设置、高低压输出、线路布设等工作均是全新的课题，他几乎不懂。

为尽快适应新的岗位，牛德成如饥似渴，每天跟在师傅后面，从基础学起。面对不懂的技术，他总是追根溯源，缠着师傅讲清楚才罢休。

短短两个月的时间，牛德成掌握了大部分的电工知识和技能，并且可以单独作业。之后在师傅的帮助下，他相继发明了几十项工作专用工具，这些工具投入生产一线后，极大地提高了生产效率。

在成套设备流水作业的过程中，一些损坏的零部件必须及时维修，但生产线不能停，必须正常供电，这给维修工作带来了极大的困难，这一难题始终困扰着厂里的师傅们。

师傅们看在眼里，急在心中，一直想解决这个问题，但几经努力，始终没能成功。

牛德成觉得师傅解决不了的难题，自己可以试一试，说不定能攻破呢！

带着这份信心，带着这份执着，牛德成似乎在"不自量力"中开始了攻关。

为了找到解决这一难题的办法，牛德成把自己关在办公室里，挖空心思地琢磨、钻研。他用二极管、电感、电容等元件，在原始电路中添加旁路分支，让一部分电流绕过这些元件，一旦主线路需要维修，断掉主线路电流，电流就会从这条分支线路通过，避免了断电现象的发生。熬了几个通宵，最后，牛德成终于设计出可以带电维修的"旁路电源"。

师傅们感到不可思议，自己干了几十年，钻研了几十年，都没有攻克这一难题，现在却被这个毛头小子攻克了。

为验证"旁路电源"的有效性、安全性，师傅们反复试验，多方面论证，最终确认了这一技术的可行性，并很快将其运用在生产中。

"旁路电源"从根本上解决了困扰厂里多年的技术难题，为化肥厂带来了史无前例的技术革新。

"旁路电源"也成了周边工厂、企业竞相学习取经的"法宝"，周边几十家企业都来邀请牛德成给他们也设计、制作"旁路电源"。

小小年纪就声名鹊起，牛德成的自豪感、荣誉感、幸福感油然而生。

转眼几年过去了，牛德成由毛头小子变成了顶天立地的男子汉，并且完成了从装卸工——电工——车间主任——团委书记的转变。

化肥厂为他搭建了施展才华的舞台，给他成长进步开辟了无限的空间。

在这里，他立志要大显身手，干出一番事业。

在这里，他要施展自己的才能，实现自己的梦想……

第三章　风雨兼程

扫码解锁

◎群英颂歌◎发明历程
◎创新不辍◎奋斗底色

姻缘

1991年，一个春暖花开的日子，牛德成受邀到县毛巾厂设计"旁路电源"。毛巾厂的女职工看到年轻有为的牛德成，不禁啧啧称赞。

女工中有位叫白凤芹的姑娘却告诉同伴："这人长得还算方正，可就是脸黑，找对象不能找这样的。"

说者无心，听者有意。正从旁边路过的一位电工听到了这话，觉得很有趣，别有深意地笑了笑。

这位电工是出了名的热心肠，遇到单身男女喜欢给他们介绍对象，而且促成了好几桩姻缘，人称"电媒婆"。

"觉得人家黑？白凤芹，白配黑不也搭配得挺好？！""电媒婆"心里默默想着，希望能够促成这段婚姻。

于是，他把白凤芹向牛德成介绍了一番，牛德成觉得可以相处一下试试。

而白凤芹觉得牛德成黑，没有认识他的想法。可她哪里知道"电媒婆"这个名字可不是白来的。

"电媒婆"历数牛德成的优点和发展前途，历数"白"与"黑"结缘的好处……反正为了能促成这段姻缘，什么"手段"

都用上了。几个回合下来，白凤芹"束手就擒"，答应见面相处试试。

初见白凤芹，牛德成一眼就认定这个女孩是自己未来的媳妇。

可是，牛德成诙谐的谈吐、幽默的性格和积极进取的精神风貌却没有打动白凤芹。

白凤芹不冷不热的态度让牛德成丈二和尚摸不着头脑，百思不得其解。牛德成不得不使出十八般武艺"猛烈进攻"。

"俺最大的优点就是脸黑！"

没想到，就是这句自嘲的话引得白凤芹终于开了口：

"你确实有点儿黑。"

"为了见你，我慌得脸都没顾得上洗，所以脸就更黑了。"

"哈哈，你真逗。"

"说真的，我感觉我们俩挺合适的，你姓白，我脸黑，白、黑本就应该是一家人。"

…………

两个人慢慢打开了话匣子，你一句、我一句，谈得越来越投机。

不知不觉中，白凤芹放下了心理防线，牛德成"阴谋"得逞。

白凤芹也是农村出身，姊妹五人，家境不好。牛德成经常买些生活用品，孝顺未来的岳父母。

农忙季节，牛德成开着拖拉机，帮白家忙农活儿，赢得了白凤芹父母的喜爱。岳父母乐开了花，碰到这样的女婿，也放心让女儿嫁过去。

两个人在一起谈家庭、谈理想、谈未来，甚至谈婚论嫁。

春节即将来临，年味越来越浓，忙碌一年的人们停下脚步，置办着年货。

牛德成家里更是一派喜气，火红的灯笼、鲜艳的"喜"字映衬着他黝黑的脸颊。他兴奋不已，翘首以待，等待着新娘子的到来。

在众人的嬉闹下，他抱起新娘跑进新房。当掀开新娘的红盖头时，牛德成笑了："怎么样，白与黑本来就是一家人吧！"

新婚妻子白凤芹也笑了："这次真的上了贼船，下也下不去了！如果不是你脑子灵活，朴实肯干，我才不上你这贼船来！"

带着满满的幸福感，小两口儿沉浸在了新婚的甜蜜中。

愧疚

牛德成在办完婚礼之后，并没有像其他新人一样享受蜜月，而是回到了紧张的工作之中。

牛德成明白，作为丈夫，要有责任和担当，要对家庭负责，对妻子负责。

他每天都努力工作，干劲儿满满的，不管做什么都充满了希望。

看到丈夫满满的上进心，沉醉于工作，尽管他顾不上家，但妻子也没有过多的怨言，只是默默地支持丈夫。她希望丈夫将来有所作为，让一家人过上幸福的生活。

清晨，丈夫早早起床，赶到厂里；深夜，丈夫忙碌了一天，倒头就睡，熟睡的妻子都不知丈夫何时躺在了身边。

妻子理解丈夫的辛苦，也渐渐习惯了孤单的生活。

婚后，两个孩子相继出生，给这个家庭带来欢乐的同时，也带来了忙碌。

妻子不仅要照顾孩子，还要照顾全家人的衣食起居，她就像上满劲儿的发条，从单位到家里，几乎连轴转。

此时的牛德成已成为厂里的骨干，每当有急难险重的任务，或是遇到生产技术方面问题的时候，厂里首先想到的就是牛德成。

牛德成成了厂里的"万金油"，哪里需要就冲到哪里，哪里有技术难题就出现在哪里。

他根本没有时间照顾孩子，没有时间顾及家庭。对他来说，与老婆、孩子一起待上几个小时，都是一种奢望。

可以说，孩子从出生到牙牙学语，从蹒跚学步到上幼儿园，牛德成能顾及的很少、很少。

当孩子们还沉浸在甜甜的梦乡时，他早已赶到了车间。妻子既要侍奉老人，又要照顾孩子，一直默默地付出着。

女儿从出生就体弱，常常半夜发烧。深更半夜，妻子抱着女儿到诊所输液是家常便饭。

漆黑的深夜，疾风吼叫，在这样的环境下抱着女儿赶去诊

⊙ 牛德成（右）和妻子白凤芹唯一的结婚照

所，妻子早已习以为常。

后来知道情况的牛德成问妻子那时不害怕吗，妻子说，她心里只有患病的孩子，哪还有恐惧！

女子本弱，为母则刚。

从家到诊所，妻子用自己那双不知疲倦的脚不知走过多少次！从诊所到家，妻子用自己那双辛勤劳作的手不知抱起女儿多少回！

还有一次，女儿连续几天高烧不退，妻子不得不带着女儿到医院检查。楼上、楼下，一个女人抱着孩子跑来跑去。

尽管窗外大雪纷飞，但妻子却大汗淋漓。大夫实在看不下去了，就问妻子，孩子病成这样，她爸爸干什么去了？

瞬间，妻子眼眶里便蓄满了眼泪，她强忍着没让泪水掉下来。

当女儿病情平稳后，妻子偷偷跑到没人的地方，不知是因为多日的委屈，还是超负荷的劳累，泪水像决堤的洪水般一泻而下……

每当谈起这些时，牛德成总觉得愧对老人、愧对妻子、愧对孩子。他说，觉得自己在父母眼里不是好儿子，在妻子面前不是好丈夫，在孩子心中不是好父亲。

愧疚，一直埋在他心灵的深处。

下岗

牛德成和妻子每月的工资基本能够支撑家里的日常开支，日子虽然清贫，生活却其乐融融。

20世纪90年代初，一场声势浩大的企业改制浪潮席卷全国，大批中小企业破产倒闭。

1993年，正当牛德成准备大显身手一展宏图时，波及大江南北的企业破产潮汹涌而来，牛德成和妻子所在的两家企业未能幸免，改制后还没走上正常轨道就宣布破产，夫妻俩成了无收入、无单位的下岗工人。

此时的牛德成茫然无措……

望着一排排空荡荡的车间，牛德成不知所措；望着曾经攀爬过的高耸的烟囱，他潸然泪下。

他对这个厂子有太多的留恋和太多的不舍。

这里，是他人生的转折点。在这里，他走进了社会。

这里，是他鱼跃龙门的福地。在这里，他由农民变成工人。

这里，是他施展才能的舞台。在这里，他活力四射。

这里，是他梦想起飞的跳板。在这里，他如鱼得水。

然而，如今一切都荡然无存，灰飞烟灭了。

面对突如其来的变故，牛德成百思不解，人生的路刚刚开始，希望难道就这样早早破灭了？

…………

难舍这里的一砖一瓦、一草一木。走在偌大的厂区里，牛德成百般不舍，一步一回头，往事历历在目。

抚摸着墙上褪色的标语，自己挥毫泼墨、神采飞扬的情景闪现在眼前。那时的自豪感、成就感、幸福感给他带来了无上荣耀。

正是因为刷写这些墙体标语，一个默默无闻的"小不点儿"走进了大家的视野，成了厂里的"明星人物"。

仰望着高耸的烟囱，他浮想联翩。初生牛犊不怕虎的胆量和过人的智慧，让他征服了这个庞然大物，也让厂里所有人折服。

来到杂乱的车间，他拼命寻找自己设计的"旁路电源"，可全都消失得无影无踪。莫名的心酸油然而生，泪珠滚滚而下。

看到自己设计制作的工具散落各处，牛德成心如刀绞。他停下脚步，翻动这些凝聚着自己心血和汗水的"孩子"，久久不忍离开。

为了设计、制作这些工具，他放弃周末与妻儿享受天伦之乐的时间；多少个不眠之夜，他经过无数次失败才研制出来的这些工具，如今却似废品一样被丢弃。

然而在现实面前，个人的力量如此渺小，就像一只小船在狂风暴雨的侵袭之下，毫无招架之力。

残酷的现实让他措手不及，他不知道今后的路该如何走，未来的希望又在何方。

牛德成觉得自己不是处于人生的十字路口，不知道该往哪个方向走，而是到了死胡同，无路可走。

他不知道何时能凭借自己的努力逆风翻盘，改写自己的命运。无奈、彷徨、困惑围绕着他……

打工

失业后的牛德成面临着前所未有的压力，上有老下有小，生活异常艰辛。

父母年事已高，嗷嗷待哺的两个孩子还需要抚养，一家人的生活开销也需要负担，这些重担接踵而来，微薄的收入也没了，生活陷入了困境。

他希望自己可以做好一个儿子、一个父亲、一个丈夫的角色，这是他最起码的生活目标。

当务之急，是一家人的生计问题。

无奈，牛德成打好背包，带着深深的离愁，告别父母、妻儿，来到济南打工。

他跑了一个又一个建筑工地，几乎跑了大半个济南，几天过去了，始终没有找到工作。

黑暗的街头，清冷的街道，走投无路的牛德成睡在了建筑工地的石料旁边。

回想起曾经的工厂生活，面对着此时乞丐般的现实。当他坐在地上的时候，这个男人泪流满面。

可生活总得要面对，总得要继续。

第二天，天刚蒙蒙亮，抖掉身上的灰尘和露珠，饿着肚子，他又开始在工地上找工作。

就这样，直到第六天，他找到了安装电路的活儿。这对有一定电工经验的牛德成来说，简直像是天上掉馅饼。

他十分珍惜这个来之不易的工作，希望通过自己的努力养活一家老小。

在工地上，安装电路实行计件工资，多劳多得，工资和工作量挂钩。为节省时间，多挣点工钱，牛德成每天工作十几个小时都是常事，他直接把铺盖带到了工地，起床就工作，实在太累了就和衣而睡。

他始终没有离开过工地，端着饭碗吃在工地，水泥地当床睡在工地。

严寒的冬天，室外寒风凛冽，室内滴水成冰。长时间不停歇地工作，牛德成冻裂的手流出的脓血和手套粘在了一起，手套都脱不下来了，但他仍然坚持着。

清晨，伴着鸡鸣而起；傍晚，赶着夜幕席地而宿。

冷得无法入睡，他就裹着被子坐起来，望着远处的霓虹灯发呆，外乡打工人的辛酸涌上心头。

他省吃俭用，就连工地上非常廉价的饭菜都不舍得吃，很多时候只是买几个馒头，夹一点儿免费的咸菜，就算一顿"美味佳肴"了。

长时间加班加点工作和过度的节俭生活，使牛德成患上了胃溃疡。每当病情发作时，他都疼得大汗淋漓。可他强忍着，舍不得吃药。当病情好转时，他又迫不及待地投入工作。在他心里，只要能多挣钱，让一家人生活不再拮据，遭受多少苦痛他都能忍住。

日子就这样在超高强度的劳作中匆匆而过。

最终，牛德成还是没有坚持下来，他病倒了，工友们不得不把他送进医院。

得知丈夫住院的消息，妻子马不停蹄地赶到医院。看到丈夫憔悴的样子，妻子心疼得哭了，短短几个月的时间，原本强壮如牛的丈夫变得瘦骨嶙峋。

在妻子眼里，丈夫是靠山，是避风港，是顶梁柱。她不愿丈夫为了这个家让身体再遭受如此的摧残。

她苦求着丈夫跟她回家，她告诉丈夫，困难是暂时的，一家人健健康康在一起才是最大的幸福。

拗不过妻子苦苦哀求，牛德成被妻子"绑"回了家，告别了凄苦的打工生活。

突围

回到家里，看到家中生活拮据的窘境，牛德成心里五味杂陈。一个年纪轻轻的男人，竟然养活不了一个家！他感到深深地自责。

躺在病床上，他盘算着如何能赚到钱，养活一家老小。

猛然间，他想起自己的特点——爱捣鼓。

于是，他试着与妻子商量，希望开一家电器维修店。妻子相信他的技术能力，理解他，支持他。

尽管投资仅仅需要几千元，但对这个连生活都是勉强支撑的家庭来说也是天文数字。

借遍了亲戚、朋友的钱，仍远远不够，牛德成一筹莫展、茶饭不思，启动资金成了小店开张的拦路虎，挡在他的面前，让他很难逾越。

看到丈夫愁眉苦脸的样子，妻子何尝不受煎熬。

她来到了娘家，向亲戚、邻居借遍了钱，筹集到了三千多块钱，她又把结婚时唯一值钱的订婚戒指卖掉，最后总算凑齐了开店的费用。

接过妻子东拼西凑而来的钱，牛德成一下子把妻子搂在怀里，抹去妻子脸颊上的泪，一股暖流涌上心头。

没有只言片语，只有默默相视。

此时，牛德成心里只有一个信念：把小店干好，给妻子一个宽裕的生活。

几经波折，小店终于开张了。

在小店经营过程中，他总是让利于周边的百姓，以最低的价格和最好的技术吸引客户。

"义以生利，利以丰民"的道理，根植于他的内心。

遇到家庭困难的顾客，他总是免费维修，不收取任何费用，甚至还经常赔上购置的零配件。

因为他技术好、价格低，方圆十几里的百姓都舍近求远找他维修，小小维修店的生意火爆。

农忙时节，为节省农民抢收抢种的时间，他随叫随到，骑着摩托车到田间地头维修。

在这个不足十平方米的小小维修店里，没有了制度的约束，没有了三班倒的限制，牛德成如鱼得水。

在维修电器的空隙，他把心思用在了钻研上，想方设法研制农业生产实用工具。

一个偶然的机会，一位客人告诉他，自己找人打磨的菜刀厚薄不均，刀刃常常钝裂。

说者无意，听者有心。牛德成便下决心要研制磨刀的工具。

从砂轮、滑轮的安装位置，到滑道的弯曲程度，他反复试验，经过一次次的失败后，终于研制出了可调控的简易磨具。

这是他研制出的第一台磨具，也标志着他在钻研、发明的道路上由兴趣性向专业性、由盲目性向目标性的转变。

在那个年代，小麦播种全是人工手摇木耧，费时费力，并且播种不均匀，农民一直希望找到能代替手摇木耧的播种器械。

闲暇之余，从机架、传动装置、种肥箱、排种器、排肥器、行走装置、开沟器、覆土器、镇压器等元件着手，牛德成一个一个琢磨、研究，攻克了一个又一个研究难题。

经过反复试验，除排种器还有一些难题没被攻克，其他的全都成功了。

他知道，对于播种机来说，核心就是排种器，它是评估播种机工作质量高低和工作性能优劣的重要因素之一。

通过无数次的试验，他终于破解了排种不均匀、种子易被损伤、播种量不稳定的难题。他的排种器可以排出均匀的种子流或连续的单粒种子，使播种质量得到极大提高。

在这个小小维修店里，他先后改进、生产了二十多台半机械化播种机，投放到周边十多个村庄，大幅缩短了播种时间，节省了大量的劳动力，深受农民的欢迎。他还先后研制、改进了数十种生产、生活器具。通过使用这些器具，人们的生活、生产方式发生了不小的改变。

小小维修店给周边村民的生产生活带来了便利，他也声名鹊起，人们记住了这个憨厚小伙子的名字——牛德成。

助残

在牛德成的维修店旁边总会出现一个流动的钟表维修摊位。一位残疾人撑开一张破旧桌子，桌子上铺一张废弃的塑料布，再放上镊子、钳子等几个简单的工具，摊位就算支好了。

这位残疾人只能进行维修钟表、磨刀、修配钥匙等简单的活计，没有别的技术，因此生意也有些萧条。甚至连集市开集时，这个衣衫褴褛的残疾人的生意都非常惨淡，可他仍然痴痴坐在那里等待生意。日头过了正午，集市上的人稀稀落落，饭店、餐馆里猜拳喝酒的声音此起彼伏，不远处煎包、肉盒摊的香味随风飘来。但他只能从布袋里拿出从家中带来的冷馒头啃几口，渴了就到附近门市讨点热水喝。

牛德成常常给他端来热腾腾的饭菜，让他趁热吃。一天，饥肠辘辘的残疾人狼吞虎咽后，在维修店门前不愿离去，非要拜牛德成为师，学习电器维修技术。

困境中的牛德成已举步维艰，连生活都成问题，哪有心思收徒弟啊！可眼前这个可怜的残疾人又让他于心不忍。

接触时间长了牛德成才知道，这位残疾人叫许守和，在一次意外事故中失去了一条腿。家里有卧病在床的双亲，有患有智力障碍的妻子和四个没成年的孩子。

一家人的生活重担全都压在了他的身上，让他喘不过气来。

无奈，他就在街上找个空地摆摊，做维修钟表、修配钥匙等小生意，勉强维持生计。

许守和跪在牛德成面前，恳求牛德成收自己为徒，想学个一技之长。

面对这个比自己大十多岁的七尺男儿，牛德成眼睛湿润了，连忙扶起他，收他为徒。

牛德成对许守和倾囊相授，手把手地教他。

在教给他技术的同时，牛德成也时刻关注着许守和家里的情况，尽可能地为他们提供力所能及的帮助。

牛德成家庭并不富裕，上有年迈的父母，下有嗷嗷待哺的孩子，微薄的收入维持生计已经捉襟见肘。可他却依然挤出一点儿生活费资助许守和。

在许守和两年多的学徒时间里，牛德成无微不至地关怀他，不但免费教给他技术，还管吃管住，不时给钱、给物，帮助他们一家人渡过难关。

为彻底改变许守和的困境，在他熟练掌握维修技术之后，牛德成又多方张罗，帮助许守和开了一家小型电器维修店。

每当许守和在维修中遇到技术困难时，牛德成都会放下自己手中的活儿，上门帮助其解决。

不知不觉中，牛德成帮助、扶持许守和整整六年，不但让许守和依靠自身技术，把电器维修店做得风生水起，而且还帮助其一家人摆脱贫困。

第四章 奔向彩虹

扫码解锁

◉群英颂歌◉发明历程
◉创新不辍◉奋斗底色

"触电"

"牛德成技术就是牛，没有他维修不了的。"

牛德成以其精湛的技术赢得了方圆十几里百姓的赞誉，维修店经营得风生水起，生意也越做越大。

牛德成所在村人口多，街面店铺多，村里用电管理混乱，经常停电。电工一茬一茬地换，却都没有效果，群众意见很大。

于是，村支书找到了牛德成，希望他能兼职做村里的电工。

牛德成爽快地答应了下来。

村支书说每月给他20元的补助，但牛德成拒绝了。他说："为村里出点力，为街坊邻居干点事儿是应该的，绝对不能要报酬。"

一身工作服、一副白手套、一双绝缘鞋，腰里别着钳子、螺丝刀，牛德成就这样奔走在维修电路的路上。

他发现村里的线路混乱，私拉乱扯电线的现象十分严重，这样不仅造成用电的"跑冒滴漏"，而且还存在极大的安全隐患。

为尽快改变这一现状，牛德成锁上维修店的门，顶着炎炎烈日，挥汗如雨，梳理村里的主、支线甚至入户的每一条线路。

孩子高烧入院，他顾不得照看。责任田里的庄稼旱得奄拉着叶子，他顾不上浇水。

经过整整半个多月的整改，牛德成终于理顺了村里的用电线路。

由于技术精湛，牛德成常常被附近的供电所邀请，帮助他们解决电力难题。

牛德成严格执行电费收缴的各项规定，从不多收用户一分钱，也从来不收人情费、关系费。都是一个村里的人，抬头不见低头见，并且有三十多户是同姓本家，可在牛德成的管理下，任何一家都按时、足额缴纳电费。

这天，一个用电大户带着烟酒来到牛德成的家，希望少收点电费，被牛德成严词拒绝。

他用分毫不差的认真劲儿，维护着用电缴费的规则，保证了电费的足额收缴。

从牛德成接过村电工这个工作起，村里从没发生过因欠费而被停电的事情。不是村里放松了管理，也不是没有欠费的人和事，而是牛德成处处体谅村民，尽可能地避免因欠费而停电。

在那个年代，农村非常贫困，两三个月拿不出电费的人家不在少数。

遇到村民确实手头没有钱，牛德成就自己垫付上，有时一垫就是几个月甚至更长的时间。

村里有位孤寡老人，因为生活极其困难，一直点煤油灯照明。牛德成自掏腰包，买来电表、电线、灯头、灯泡、开关等，专门为老人拉上电线，并预付了一部分电费。

每年的除夕是牛德成最忙的时候，但他不是忙着准备年夜饭，而是处置接二连三的断电故障。

过年了，辛劳一年的老百姓停下脚步，难得"奢侈"一回。平常舍不得开灯的人们，今儿格外"阔绰"。他们会把大门口、过道处、院子里和平时闲置的屋子全都安上灯，祈求来年平安幸福。一些稍微富裕一点儿的人家还添置电暖器、电视机等电器。

因为电路负荷陡增，老旧的线路故障频出，不是这家找，就是那家叫，牛德成很少能过上一个囫囵的除夕夜。

除夕夜里，他是最忙碌的，从村南跑到村北、从村西跑到村东、从这个胡同跑到那个胡同，有排查不完的线路、维修不完的故障。牛德成就这样伴着除夕的鞭炮声，穿梭在大街小巷，马不停蹄地维修着突如其来的故障。

…………

就这样，牛德成在"编外电工"这个岗位上干得有声有色，并且在当地电力系统小有名气。

入职

1996年，是牛德成命运出现转机的一年。

这一年，因为牛德成在农村电工岗位上成绩突出，通过下岗职工二次分配，他有幸被安排到国网成武县供电公司汶上供电所工作，成了一位名副其实的供电工人。

告别维修店"饥一顿饱一顿"的紧张状态，牛德成窃窃自喜，端上了"铁饭碗"，生活中充满了希望和阳光。埋在心底的梦想穿透云层又回到了他的身旁！

他憧憬着梦想实现的那一天，决心从零开始，踏踏实实做好每一件事、每一项工作，用实实在在的行动筑起通往梦想的路。

牛德成所在的供电所地理位置偏僻，他所管理的村庄、台区又位于三县交界处，路途远、路况差，任务十分繁重。

在牛德成所管理的范围内，人们经常看到他身穿迷彩服，头戴安全帽，肩背工具袋，骑着一辆满载抢修材料的摩托车穿梭于街头巷尾。哪里有电力故障，他就出现在哪里。

短短一个月的时间，他就熟悉了每个台区的用电情况，甚至是每个用户的用电情况，很多用户都愿意和这个实诚人打交道。

夏季是用电高峰，许多供电线路都在超负荷运载，线路故障接连不断，值班室的电话就像夏天的知了叫个不停。

无论烈日炎炎、狂风骤雨，还是寒风凛冽、大雪纷飞，只要接到用户电话，牛德成就骑上摩托车，飞速赶到故障地点进行抢修。

"干电工这一行，随叫随到是最起码的职责。"牛德成常常这样说。

夏季的一个傍晚，暴雨倾盆，肆虐的龙卷风一扫而过。这时，值班室里传来一阵急促的电话铃声，正在值班的牛德成凭直觉判断肯定是哪里出现线路故障了。

果不其然，电话那边传来了焦急的声音，原来是他管理的徐庄台区大面积停电。

他向值班领导汇报后，火速带齐抢修工具和备用材料，穿上雨衣，骑上摩托车驶向故障地点，瞬间消失在那滂沱大雨中。

因为路面多处被龙卷风刮倒的树木阻挡，他只能放弃摩托车，步行十多千米赶往故障地点。脚被划出了几厘米的伤口，他全然不知。

赶到故障现场后，经过对设备仔细检查，他发现是低压避雷器被雷电击穿了。

半个小时过去了，新的避雷器被更换上以后，牛德成成了名副其实的"落汤鸡"。

远处的灯光若隐若现，一片漆黑的村庄终于重拾光明，牛德成那已分不出流着汗水还是雨水的脸上露出了满意的笑容。

过后，有人问他，为什么不等雨停了再抢修。牛德成笑着回答说："等雨停了再修，那还能称为抢修吗？更何况大家还等着用电呢。"

朴实的话语，足能证实他心中装着用户，装着人民群众，更装着他那一份责任。

他以不怕苦、不怕累的工作作风，以脚踏实地、任劳任怨的精神，出色地完成了一次又一次的抢修任务，用劳动成果诠释了一名电力职工的责任与担当。

牛劲

牛德成迎着困难上，冒着危险行。哪里有困难，哪里就有他的身影；哪里有危险，哪里就有他的足迹。

他的担当和奉献，赢得了领导和同事们的赞誉。三年后，他被提拔为供电所所长。

由一个下岗再分配的普通职工成长为基层供电所所长，牛德成付出了比别人更多的努力和汗水。

他像一块砖，哪里有解决不了的困难，他就被调往哪里。他先后任汶上、桃花、大田集供电所所长，所接手的这些供电所均是位置偏远、维修任务繁重的单位。

所长就是一个所里的领头羊。牛德成在工作中时时处处以身作则，用自己的实际行动影响着同事。

在担任供电所所长的十多年里，他不但带头加班加点工作，与同事一起到施工现场了解一线的情况，还经常与所里的同事到用户家中调查研究，掌握第一手资料，及时解决供电系统中存在的问题。

他被调往哪个所，哪个所的工作就走在前列。难怪同事们调侃："牛德成就是牛！"

喜欢"拔钉子，啃骨头，硬顶硬"是牛德成一贯的作风。

大田集镇是大蒜种植基地，拥有储存冷库二百多座，用电量很大。作为电力输出大户的大田集供电所的经营效益本该名列前茅，可由于偷电、欠费等原因，当时这个所已经八个月没有发放工资了。

2008年，一纸调令，让牛德成来到了这个"老大难"所。

大田集镇有一家冷库企业每年都欠电费五六万元，每当因欠费停电，马上就有"走后门儿"的，所里常常是上午给停了电，下午就不得不恢复供电。所里也拿这家企业没有办法。

后来，竟出现了你拉闸停电、我私自接通的情况。如此反反复复，不仅电费收不上来，所里的职工还被对方的冷嘲热讽搞得灰溜溜的，甚至有名营抄员的摩托车都被砸坏了。

牛德成上任后的第一件事就是给这家企业下达了停电通知，但人家理都不理，他吃了个闭门羹。镇里主抓经济的领导把他叫过去，劈头盖脸地训斥了一顿："停了电，那么多大蒜坏了，你赔得起吗？服务部门就得搞好服务！"

"那欠的电费怎么办？"牛德成不卑不亢地轻声问了句。

⊙ 牛德成（左）与同事在现场勘察

"先送电，然后让他付！"这位领导说。

牛德成睿智，特别是在复杂的环境中，其谋略和智慧就会充分地显现出来。

"送电可以，但必须签还款协议。"一句话，解决了问题。

然而，还款协议签订后，供电所送上电，这个老板却消失了，并没有在规定期限内履行协议。

于是，牛德成的牛劲来了，他毫不客气地拉闸停电。

这一次，这位领导又打来了电话，语气相当严厉："必须无条件送电！"

牛德成百般解释，这位镇领导仍然不依不饶。

瞬间，他的牛脾气直冲而来，一句话把这位领导顶得哑口无言："我依法办事，欠费停电，天经地义，电费什么时候付清，什么时候送电，当这个所长我不能渎职。"

放下电话，牛德成怔怔地站在那里，黝黑的脸颊毫无表情。

压抑的情绪释放出来，如放下千斤重担。

而无名的压力又直冲而来，似泰山压顶般沉重。

那一刻，他尽管表面波澜不惊，心中却早已翻江倒海。在法律和权威面前，他选择了法律，选择了公正，并没有顾及自己所谓的官职——所长。

身边的员工默默地向牛德成伸出大拇指，表达了对所长的敬佩，他们的心中也充满了担忧。

经过一个月的时间，牛德成率领员工向该企业要回了五十多万元的欠缴电费。

捉"鼠"

20世纪90年代的农村，用电时"跑冒滴漏"现象普遍存在，要想根查漏电原因，只能靠人工巡检。

当时，牛德成所在的供电所供电量半年中每月亏损上万千瓦时，员工们巡检多次，都没有找到"跑冒滴漏"的原因，大家一筹莫展。作为所长，牛德成坐立不宁。

为彻底查清漏电原因，牛德成每天凌晨两点钟起床，骑上摩托车，带领员工分头到所管理的区域巡查。

每到一个地方，他就把摩托车停在一旁，一个电表一个电表地巡查，不放过任何蛛丝马迹，不留下任何疑点。

就这样，风雨无阻，披星戴月，牛德成整整巡查了五十多天，巡查电表两万多个，发现有问题电表六百多个。

通过对这些问题电表进行仔细检查，牛德成发现它们有一个共同的问题，就是铅封豆被更换过。

于是，牛德成认真研究电表的铅封。他发现现有铅封豆很容易被复制，如此打开电表，窃电者便可以为所欲为。

窃电后，窃电者照样可以把铅封豆复原，这种窃电手法营抄员平时根本无法察觉，除非当场捉到窃电者。

牛德成紧盯着铅封豆，对其进行改造，经过反复试验，他在铅封豆上打上常人不易察觉的特殊印记，并且没有告诉任何人，免得内部再出"猫腻"。

牛德成研制的这种防伪铅封豆一旦封锁，除非被破坏，否则根本无法启封，从源头上杜绝了他人在电表上做手脚进行窃电的可能性。

这些问题电表通过校正，安装新的铅封豆后，牛德成松了一口气，他觉得"跑冒滴漏"现象应该能得到彻底改变。

一个月过去了，牛德成没有料到，偷电现象依然严重。

这时，他隐约感觉到，"跑冒滴漏"问题无法解决的原因应该在用电大户身上。

于是，他着手巡查200多家大蒜储存冷库企业。

牛德成只能采用笨办法：逐个企业检查计量用电。当检查到一家冷库企业时，他发现该企业与旁边的另一冷库企业的冷库数量相同，储存大蒜吨位相同，但用电量却少了很多。

尽管查了多次电表、入户线和出户线，可就是找不出问题，面对老板心不在焉的目光，牛德成感觉肯定有问题，但始终查不出来。

一个偶然的机会，让事情出现了转机。老板李某的前妻与牛德成的妻子在一起聊天，不经意说出了偷电秘密。

牛德成如获至宝，连夜带领同事前去核查。

当一同事进入冷库的机器房时，牛德成发现李某脸上微微闪过一丝紧张，立即确认问题就在这里。

眼看事情就要败露，李某气急败坏，以机器重地不准进入为由，百般阻止，似用你死我活的打架气势来威胁牛德成。

牛德成凛然正气，不卑不亢，给他讲政策、讲法律，最后李某不得不低头认错。

同事在李某办公室一个隐蔽的墙角发现了一个暗藏在墙体内的开关，开关的线路是暗线，也藏在墙体内。就是说，暗线是在建房子时提前置入墙内的。

…………

这一年，牛德成荣获了菏泽供电公司"反窃电能手"称号，这也是他进入电力系统后获得的第一个荣誉称号。

第五章　锲而不舍

扫码解锁

◉群英颂歌◉发明历程
◉创新不辍◉奋斗底色

深深刺痛

进入电力系统后，牛德成爱钻研、爱搞发明的热情非但没有减少，反而更加强烈。他常年工作在基层一线，当碰到施工技术难题时，总是创新工作方法，千方百计地克服困难。然而一次意外的事故让他刻骨铭心，他决心一定要攻克这一技术难关。

20世纪末，第一次农网改造启动。当时，没有什么先进的技术，高大、沉重的水泥电线杆只能靠肩扛人抬，费时费力，还存在极大的安全隐患。

在一次运送水泥电线杆的过程中，一村民不幸被砸倒，后经全力抢救，虽保住了性命，但还是造成终身瘫痪。村民多病的妻子只能领着嗷嗷待哺的孩子度日，艰难地支撑着这个家。

这家人困苦的生活深深刺痛着牛德成，他发誓一定要研制出一种施工设备搬运水泥电线杆，不再靠肩扛人抬，不再出现类似事故，不让再悲剧发生。

当时，很少有专门的资金用于开展技术研究，但他觉得自己有责任、有义务扛起这个担子。

这样刻骨铭心的事情，更加坚定了他研制搬运水泥电线杆施工工具的决心。

牛德成没有依靠单位。没有专项资金，他就自费购买相关材料和工具；没有时间，他就自己晚上挤时间。

为尽快研制出这种设备，尽管家近在咫尺，牛德成却半个多月没有回家，一直坚守在自己的维修店里。夜深人静时，一个人在维修店里想啊想，一个细节、一个念头常常使他思考至凌晨。

他试着对千斤顶进行改造，让千斤顶与支架巧妙地结合起来，制作成便捷式升降机，这样就可以把沉重的水泥杆支撑起来了。

经过二十多天的努力，牛德成的试验终于成功了。凌晨两点多钟，尽管窗外大雪纷飞，可沉浸在成功喜悦中的牛德成感到无比兴奋。

伴着成功的喜悦，牛德成马不停蹄地焊接起来，他要连夜焊接出这台水泥电线杆装卸机。

牛德成第一台水泥电线杆装卸机的研制成功，在全县电力系统引起了不小的轰动。很快，成武县电力施工全部采用这种设备。牛德成以其对实用技术科研的执着，带动着鲁西南电力施工的技术创新。

是啊，执着是一个人获得成功的重要标志。无论做任何事，若想取得成功，就必须执着。牛德成恰恰就具备这种精神，他也带着这种精神一步一个脚印地前行着……

空中飞线

2004年，牛德成被调入成武县供电公司桃花寺供电所任所长。这一年，十千伏线路大规模改造，需要更换大批电线。

由于技术原因，人拉着电线在农田里施工，踏坏了很多庄稼，给农民带来了不小的损失。农民意见很大，他们阻拦施工的情况屡见不鲜。

在一次施工中，一个蒜农指着即将收获的大蒜，心疼得直流泪，他气愤地告诉施工人员："一头蒜你们就算赔一块钱也不够赔偿我的损失，你们咋能这样忍心毁坏啊！"

是啊，农民出身的牛德成看在眼里，疼在心中，好端端即将收获的大蒜就这样被毁坏了，他实在于心不忍。每当更换电线时，他总是小心翼翼，生怕踩着大蒜。他也时刻提醒同事施工时要注意，但全人力的施工方式做不到对农田的全面保护。看着脚下被破坏的大蒜，牛德成深深自责，脑海中始终思索着如何解决这个问题，才能减少农民的损失。

在施工过程中，他总是仔细观察每一个环节、每一个细节，希望从小环节和细节中寻求突破。

牛德成休息的时候也在苦思冥想，用小棍在地上画来画去。一连好多天，就是找不到突破点，牛德成陷入了沉思……

在一次施工过程中，拖拉机不慎陷入了泥坑，大家费了好大劲儿才把它推出泥潭。在众人推拖拉机的过程中，牛德成不经意看到了拖拉机后面可以改变方向的机械转盘，突然有了想法。

他想，如果把这个转盘改装成绞线盘，通过绞线盘缠绕，固定绞线机卷扬电线，让电线从田地上方穿过，就可避免损坏老百姓的庄稼。

这些年，牛德成的各种发明都是自己掏腰包制作的。购置新的转盘需要相当高的费用，牛德成没有那么多钱来买。于是，他又想到了他的老朋友——废品收购站老板。

他与废品收购站的老板早就成了至交。凡是收到机械零部件，老板都会马上联系他。哪个废品站有可利用的废零件，他都了如指掌。

牛德成骑着摩托车跑遍了周边上百家大大小小的废品收购站，可最后还是没有找到他想要的零件。

无奈之下，他带着馒头和维修工具，骑着摩托车开始"周游各地"。饿了，他就吃一口随身带的馒头；渴了，他就舀一瓢收购站的凉水解渴。

他先后到过濮阳、济南等地，到过多个废品收购站苦苦寻找所需要的废旧转盘。基本上他都是抱着希望去，带着失望回。牛德成感到心灰意冷，出去三五天，几乎跑遍他所能找到的废品收购站，仍一无所获。

又困又饿时，他不得不把摩托车停靠在路边歇息调整。等体力恢复后，他再开始下一站的"寻宝"。

功夫不负有心人。正当他想放弃时，他终于在嘉祥县近郊的一个废品收购站找到了合适的转盘。

傍晚，当他走在返程路上时，天空下起了小雨，摩托车后胎突然爆裂。夜幕中，他找到一家修理店补好后胎，冒着绵绵细雨，继续艰难地骑行着。当他到家时，冲破黑夜的太阳正冉冉升起……

接下来的时间里，白天，他带领职工开展线路改造；夜晚，他独自一人待在办公室里，研究找来的转盘，一遍遍测试，一遍遍改装。

一连几天，当同事们来上班时，他们都能看到牛德成的眼里充满了红血丝，他正旁若无人地调试着工件。同事们劝他休息一下，他却喃喃自语："马上就搞定了，马上就搞定了……"

经过反复改进、调试，半个月后，一款经济、实用的电线绞盘机诞生了。

新的设备把新线和旧线连接在一起，用绞线盘带动旧线，旧线拉动新线，旧线拆除后，新线可直接接上，大大提高了工作效率。

"它能使电线从空中穿过，回收旧线的同时，新线也能送到施工地点。这样既省时省力，又节约成本。农田也不会再被破坏，农民也很满意。"牛德成自豪地说。

在牛德成的手中，电线可以在空中飞翔。同时，因撤换电线而损坏庄稼的现象也从此成了历史。

擦肩死神

天道酬勤，思者常新；博观约取，厚积薄发。

初中就辍学的牛德成在技术创新上坚持不懈地努力着。

牛德成说，他的每一项新技术的研究都是在工作之余完成的。夜深人静时，他挑灯夜战，苦思冥想。三十多年来，无数的夜晚、不灭的灯光陪伴着他，见证了他的28项发明专利和30项实用新型专利。

长期超负荷的工作，几乎压垮了他的身体。2009年4月21日晚，他在研究安装变压器的绞线盘时，突然胸闷气短，昏倒过去。

牛德成躺在冰冷的水泥地上，不省人事。时间在一秒一秒过去，没有人发现，也没有人知晓。

此时已经是深夜11点多，无论妻子怎么打他电话，都是无人接听。

妻子感到事情不妙，急忙跑出家门，朝丈夫的单位赶去。

当妻子看到眼前的一切时，她吓坏了，急忙拨打急救电话，把牛德成送进了医院。

检查的结果让家人毛骨悚然，牛德成的病被确诊为主动脉夹层动脉瘤，必须马上安装支架，否则，他随时有生命危险。

就这样，一条连起来有16厘米长的支架成了牛德成身体的一部分，并且是不可或缺的一部分。

出院不到一个星期的时间，牛德成就正常上班了。这病需要长期吃药，生活有规律，但牛德成总是因为工作忘了自己的病情。

与死神擦肩而过后，牛德成像什么也没有发生。突如其来的要命病魔似一缕烟云随风而去。

他像一座不停摆的时钟，像一头不知疲惫的老牛，不分昼夜地攻关着、研究着、攀登着……

2012年春，在施工过程中，牛德成发现村庄中的道路窄、胡同小，大型机械无法施工。想要把电线杆运输到这些地方并立起来，必须十几个人肩扛人抬，这样既费时，又费力。

同时，新更换的导线由于线径粗、垂度大，普通的紧线方式不仅费力，而且很难达到技术要求。在撤旧线换新线过程中，被淘汰下来的旧导线需要人工回收整理，大大增加了人力、物力和其他成本。

施工的难度触动了牛德成，他想：能不能有一个办法既能省时、省力，又能节约费用，还能加快施工进度，提高技术水平？

牛德成白天指挥施工，晚上加班设计、试验，苦苦思索着突破口……

他买来一台破旧三轮车、钻头等一大堆配件，自制出卷扬机，开始了制作和试验。

设计这种综合性的施工设备，需要考虑各方面的技术参数，其难度是牛德成没有预料到的。每当试验进入尾声，他都战战兢兢，唯恐技术参数达不到预期设想。

时间过去了两个多月，关键的技术环节依然没有任何突破。牛德成无奈地蹲在半成品机器旁，疲劳、委屈一股脑涌来……

在这段时间里，牛德成每天只要忙完工作，就开始琢磨，夜深人静时就加班做试验。数不清的不眠之夜，他经过一次又一次的试验、失败、调试，再试验、再失败、再调试……半年后，经过无数次的失败，牛德成终于研发出了多功能电力施工车。

这种施工车使用方法简单且灵活性高，具备运输、电线回收打卷、放线、紧线、拉线制作等多种功能。使用多功能电力施工车，可以节省80%以上的人力，提高70%以上的工作效率。

当多功能电力施工车通过专家鉴定、获得专利时，牛德成

⊙ 牛德成发明的第一代多功能电力施工车

欣喜若狂，半年多的煎熬与苦楚瞬间化作幸福的泪水从他的脸颊流下。

牛德成，这位普普通通的供电职工成了名副其实的发明家，他所发明的每一项专利都先后被国网山东省电力公司推广应用……

牛德成的发明还走出了电力行业，他为水发集团研制过一种覆膜机，也为成武县环卫部门研制过一款具备扫地、吸尘、洒水等多种功能的环卫车等。

随着牛德成的发明专利越来越多，多种荣誉纷纷到来：

山东省职工优秀技术创新成果三等奖；

山东省菏泽市科学技术进步三等奖；

国网山东省电力公司"善小"金牌个人；

菏泽市五一劳动奖章；

成武县首席技师；

…………

厚积薄发

实践出真知。

牛德成的每一项发明都是在工作中萌芽、在实践中创新的结晶，他获得的一项项发明专利都与实用技术紧紧联系在一起。

2015年，在农村照明线路改造过程中，牛德成和他的同事们又遇到了难题。

农村胡同狭窄，更换水泥电线杆需要挖坑，多功能电力施工车无法进出，只能靠人工挖掘，工作效率极低。

牛德成发现这台多功能电力施工车在实际操作中，存在弊端，还有很大的改造提升空间。

于是，牛德成决定研发第二代，甚至第三代可适应各种环境的施工车，让其日臻完善。

一个个不眠之夜、一个个足不出户的周末，牛德成绞尽脑汁思索着、试验着。为把多种功能整合到一台车上，牛德成常常连续十几个小时面对着这台车发呆。

由一代到二代、三代，技术参数一点点得到细化，技术难度一步步加大。牛德成一步一个脚印，爬过一座山又一座山，一点一点攻克技术难题。

有一年，岳母生日到了，牛德成盘算着在酒店给老人家庆贺一番，早早让妻子确定好了酒店。可当高朋满座，准备开席时，亲朋却找不到他的踪影。妻子一次次地给他打电话，依然没有音讯。

妻子清楚丈夫生活中是一个"不靠谱"的人，许诺的事儿基本都是空头支票。他许诺参加女儿的家长会，可直到家长会

⊙ 第二代多功能电力施工车

结束也没见到他的人影。女儿哭着告诉妈妈："爸爸是世界上最不讲信用的人！"他许诺给儿子买五年级课外书，结果儿子初中都快毕业了，也没见到那本课外书。面对这样一个"不靠谱"的丈夫，妻子见怪不怪，习以为常了。

无奈，妻子来到了他的试验车间，却发现他正守着遍地的零部件发呆，还不时地自言自语，把岳母过寿的事儿抛到了九霄云外……

经过无数次的研发改进，牛德成终于成功了。这台机器不仅可以装运杆基，还具备制作拉杆、装卸设备、吊装物料、固定安装变压器等多种功能。

改进后的多功能电力施工车不仅使每天的运杆量从原先的12根提高到50根，还将人力由原先的5人减至2人，每一根电线杆的两次运输成本也由150元减少到了10元，极大地降低了更换电线杆的机械费用和人工成本。

2013年5月1日，由牛德成发明并不断更新换代的"高压线路施工用多功能施工车"获得了发明专利，并获得山东省职工优秀技术创新成果三等奖。

这种多功能施工车不仅在山东省内广受欢迎，还被推广到了江苏、安徽、山西等多个省份，改变了传统的电力施工方式。

牛德成发明创新的脚步从未停止，往往刚刚研究出一项发明，就又开始下一项发明创造。

　　牛德成说："实现梦想哪有那么容易？你如果未曾为自己的梦想而努力过，那就不要轻易去谈论自己的梦想。"

　　是啊，我们每一个人都拥有梦想，但可贵的是我们对于梦想的坚持。

　　持之以恒才是实现梦想的基石。

第六章　牛气冲天

扫码解锁

◉群英颂歌◉发明历程
◉创新不辍◉奋斗底色

责任担当

什么是责任感?

责任感是一种使命,一种素质,一种美德;责任感是一个人立身做事的基本条件,是衡量一个人素质高低的重要标尺。

勇于担当,是一种气魄,更是一种精神。

牛德成的可贵之处就是具有责任感,具有勇于担当的精神。

面对斐然的成绩,面对鲜花和掌声,牛德成没有忘记自己是一名普通的电力员工,是一名电力人。

他说:"搞发明是一种兴趣,更是一种追求。"

2015年之前,他的每一项专利、每一项技术创新都是利用工作之余进行钻研、试验的,他没有占用任何工作时间。

因为其专利的实用性极强,具有广阔的市场,有的企业老板想购买他的专利,有的企业老板想让他技术入股共同开办企业,可牛德成没有被眼前的利益所诱惑。他一直认为,自己是电力人,所取得的每一项专利都是站在国家电网这个平台上得来的,是这个平台给了他机会,所以他取得的每一项专利都应该属于成武供电公司。

如果他把自己的专利有偿出让给成武供电公司,也无可厚非,可他没有。多年来,每一项创新技术、每一项专利,他都无偿地提供给公司，并不遗余力地在成武供电公司推广。

"30多年来，使用牛德成的专利技术节省的施工成本在亿元以上。"成武县供电公司总经理时圣雨说。

2014年，国网菏泽市供电公司成立了天润集团，正是因为瞄准了牛德成诸多的专利技术，准备主要生产牛德成的专利技术产品。

当公司领导找到他，希望他有偿转让其专利技术时，牛德成义无反顾地把所有专利技术无偿转让给了公司。

这么多的发明专利需要多少精力，需要付出多少心血，只有他自己心里清楚。

为攻克一个技术难题，漫漫长夜里，他挑灯夜战；为弄清一个技术参数，酷暑寒冬间，他废寝忘食；为购置科研耗材，他曾耗尽了家产。一项项专利技术凝聚着他的心血和汗水；一项项创新技术饱含着他无数次失败后的落寞和成功时的喜悦。

当个人利益跟集体利益冲突时，牛德成毫不犹豫地选择了后者。

把自己辛辛苦苦研究出来的专利技术无偿地转让给国家电网，捐献给他供职的供电公司，不少人觉得不可思议，觉得他傻，可牛德成很坦然。他觉得自己的专利技术大多与供电相关，供电公司是平台，自己在这个平台上发明了专利，就应该回归于供电公司，让专利技术在这个平台上长足发展，让专利技术更快、更好地转化成产品进而推广出去，让专利技术创造出更多的社会效益和经济效益。

厚德载物，有容乃大。

牛德成常说，做人如做事，做事如做人，人和事是不可分割的有机体。一个人要想把事做好，需要敬业，需要才智，更需要责任和担当。

牛德成的这种责任意识、这种担当精神体现了一位电力职工高尚的道德情操，不得不让人肃然起敬。

牛德成用实际行动证明了在这个社会，仍然有人会无私奉献，造福社会。

面对困难时，他没有选择放弃；面对金钱诱惑时，他更没有迷失自我，没有一丝犹豫和动摇。

"哪有什么岁月静好，只不过有人替你负重前行。"

我们从他身上看到了一种敢为天下先的勇气，一种不以物喜的淡泊豁达。

才聚"硅谷"

一项项专利技术，一个个技术成果，牛德成在电力施工设备领域掀起了一场技术革新。

每年都有专利，每年都有创新。他就像一头牛，在技术创新的道路上默默耕耘着。

为发挥自己的科研创新优势，更好地迸发"硬核"能量，早在2010年，牛德成在一间破房、几个帮手的基础上成立了工作室。

2015年，牛德成的工作室被评上了劳模工作室，国网成武县供电公司专门为"牛德成创新工作室"组建了研发基地和生产车间。

工作室汇聚了多位技术能手，是由强将精兵组建起的强大的科研队伍。

单丝不成线，独木不成林。

山东省成武县供电公司总经理时圣雨说："成立牛德成创新工作室这个平台，目的就是发挥牛德成的示范带动作用。让他把'独门绝技'变为'共享资源'，实现'劳模身边再出劳模、能手身边再出能手'。"

由单打独斗走向百舸争流，牛德成重新起航，开始了带领科研团队致力于科研发明和生产的新征程。

随着技术创新的不断深入，牛德成意识到，尽管他拥有丰富的实践经验和源源不断的创新灵感，但在专业的理论知识方面仍有所欠缺。他深知这是自己的短板，并决心加以弥补。

一个初中没毕业的门外汉竟然从头学起，"啃"起了高等物理、高等数学的教材，其严谨的学习态度和好学精神让年轻的大学生深受鼓舞。

工作室在牛德成的带领下，经过几年的发展，2020年被命名为全国示范性劳模和工匠人才创新工作室，拥有研发区、培训区、展示区和10000平方米的成果基地转化区。

牛德成创新工作室成了国网成武县供电公司的"硅谷"，越来越多的大学生汇聚到这里。

范亚欣是国网成武县供电公司配电二次运检班班长，他一入职就听说公司有位"草根发明家"，便主动参与创新工作。

范亚欣和同事依托牛德成创新工作室确立了"研制电缆防外力破坏"QC课题，以解决地下电缆经常被工程机械破坏的难题。

在牛德成的指导下，范亚欣和同事顺利完成了课题研发，成果获得国网山东省电力公司QC成果三等奖，并取得实用新型专利授权。

和范亚欣一样，国网成武县供电公司营销部副主任胡丛飞踊跃报名加入牛德成创新工作室。在牛德成的点拨下，研制出客户停电短信预警装置等多项成果，获得专利授权6项，并在国网山东省电力公司第四届"青创赛"中荣获铜奖。

张淑敏是牛德成的徒弟。在牛德成的指导下，她和工作室同事攻坚克难，攻克一项项技术难题，成功研发出一项项技术成果，新技术、新成果层出不穷。

张淑敏和工作室的同事们研制的46项技术成果获得了发明和实用新型专利授权，8项成果交付了科技成果鉴定报告，10项成果获得了市级科学技术进步奖、专利技术奖……

匠心传承

"创新工作室是平台，这里汇聚了几十名技术精英。培养科技创新人才队伍，才能最大限度地激发创新工作室的潜能，展现工作室的智慧，这才是工作室的灵魂。"作为工作室的领军人物，牛德成如是说。

他认为，在这个新老结合、以老带新的科技创新团队中，只有传承并弘扬劳模精神、劳动精神、工匠精神，才能造就一支高技术、高技能、高素质的人才队伍，才能让科技兴企落在实处。

匠心传承不止，重在薪火相传。

牛德成的目标不仅仅是技术创新，更重要的是要培养出越来越多的技术人才，孵化实力雄厚的技术团队。

"教绝招、传技能、带高徒，这是我的责任。"牛德成说。

牛德成从不将技术视为己有，总是乐于传授给大家，履行着"传道、授业、答疑、解惑"的师父职责。

他所培养的人才已在公司的各个关键岗位上发挥着重要作用，一茬又一茬，一批又一批。

牛德成托起工作室这个团队，走在实用技术创新发展的最前沿，实现了一次次的突破，一次次的跨越。

他在师傅与师父两重角色的转换中前进着，获得了一项项实用专利技术。

师徒同患难、共进退，更多的时候他冲在一线，奋战在最艰苦的岗位上，从这个角度看，他是一位普通的工人师傅。然而，他倾其所有，授徒育人，无私地把多年积攒的经验与人分享，他又是工人值得尊敬的师父。

他超越了传统师父的门第观念，广收学子、传授技艺。他十分重视青年技术骨干力量，创新性地制订了"私人订制式"培养计划。

牛德成依托创新工作室，组织开展创新大讲堂、夜间课堂等多种形式的培训，提升了工作室成员运用创新思维解决实际问题的能力。

针对工作中遇到的难题，牛德成还经常组织同专业成员进行讨论，让他们在讨论中寻找解决方案，研发出实用性强的创新成果。

他坚持以实用技术为依托，向成员们授业解惑，传技授艺，他致力于带出一支精神硬、志气硬、实力硬的智能团队。

耕耘不辍，创新不止。

在牛德成的带领下，工作室始终传承着劳模精神、劳动精神、工匠精神。他们勤于学习、善于实践，着手小改小革、技术升级、降本攻关活动。

牛德成以早晨七八点钟太阳一般的激情学习，又以一位师傅的情怀关怀着年轻人的成长、成才！

工作室从萌芽到雏形再到蝶变，从追求自我进步到带动整体发展再到示范引领企业，展现的是勇于突破的创新理念，突破的是技术革新的重重难关，革新的是代代传承的传统技艺，传承的是追求卓越的"工匠精神"。

传承，已经成为牛德成的日常。

越来越多的技术人员汇聚在牛德成工作室。在这个工作室里，牛德成培养了一批批创新型技能人才。牛德成带动了公司全员的创新热情，培育了一批技能精湛、素质优良的人才技术"能手"。

牛德成创新工作室培养了中央企业、国网公司劳模和技术能手3人，省级首席技师和技术能手4人、市级劳模和首席技师8人、县级劳模和首席技师64人、公司级"创新蓝领"和"技术能

⊙ 2020年，牛德成（右一）与公司青年员工在牛德成创新工作室进行交流

手"47人，公司高技能人才比例超过98%。

"跟牛师傅不仅是学技术，更是传承一种信念，我也会像师傅那样做一名传承者。"齐鲁巾帼工匠张淑敏说。

胸有凌云志，圆梦在岗位。

牛德成用他的创新实践证明：只要立足岗位，把简单的事情重复做，重复的事情用心做，大家都能成为专家。

"众人拾柴火焰高。我要带领大家一起创新，把创新的火炬传递下去。"牛德成在日记中写道。

从仰望星空到自带光芒，在传承技能的道路上，牛德成折射出绚丽的光芒！

再遇死神

作为一名耕耘在电力战线30多年的基层职工，牛德成早已把自己与创新工作室深深地捆绑在了一起。他将技术创新视若生命，全身心地投入技术创新工作上，创新已成为他生命中不可或缺的部分。

"老牛最大的特点就是犟，同事们给牛德成起的外号叫'犟牛'，凡是他负责的课题，就是有再大的困难，他也从不退缩，哪怕撞得头破血流也要攻克下来。"与牛德成共事30多年的马晓铭深有感触地说。

2016年，国网又开始大范围改造。在庞大的电网施工过程中，多功能电力施工车存在一定的局限性，还有很大的改进空间。为提高施工车的效能，让其具有运送杆基、制作拉线、设备装卸、物料吊装、变压器固定、平台升降等功能，也为提高施工的效率和进度，他潜心钻研，开始了攻关。

隆冬腊月，寒风刺骨，滴水成冰。

一万多平方米的车间没有任何取暖设备，偌大的车间如冰窟一般。整个车间成了一只大冰箱，空气似乎也要凝固起来。人在里面，待上不到半个小时就会被冻得全身发麻，牛德成却在这里对着冰冷的设备发呆。

一天过去了，试验没有进展。

两天过去了，试验没有进展。

…………

第八天的时候，窗外寒风呼啸，大雪纷飞，他终于攻克了最后一道难关，成功研制出第六代多功能电力施工车。

夜深了，凛冽的寒风怒号着，如咆哮的狮子。鹅毛大雪漫天飞舞，大有铺天盖地之势。

成功的喜悦使牛德成忘记了寒冷和饥饿，他兴奋地掏出手机，准备告诉妻子这个好消息。

可铃声刚刚响了一下，他突然就失去了意识，倒在了冰冷的地板上，不省人事。

当妻子接通电话，无论她怎样呼喊，电话那头都没有回音。妻子紧张了起来，她断定丈夫的身体又出了问题。

自从牛德成的心脏安装支架后，妻子一直为他的健康担忧，

⊙ 牛德成和第六代多功能电力施工车的合影

每天都叮嘱他要注意身体。

因为担心丈夫，从家到丈夫的试验车间，从试验车间到家，妻子不知走了多少次。

每当遇到难以攻克的课题时，牛德成不要命的犟劲儿上来，哪里还记得妻子的叮嘱！这导致他的身体每况愈下。

这一次，妻子心里有着从没有过的忐忑，她预感到了事情的严重性，于是就边打120，边朝试验车间奔去。

当她赶到时，牛德成正直挺挺地躺在地板上，他脸颊紫青，鼻孔中尚存微弱的气息。

救护车火速把牛德成拉到医院。值班医生吓了一跳：心脏病！而且血管已经堵塞了70%，造影显示其中一处堵塞处的血管已经破了一层，随时会出现心肌梗死。如果再晚到几分钟，后果不堪设想。

还好，牛德成又一次与死神擦肩而过，幸运地捡回了一条性命。

公司领导担心他的身体，让他养好病再上班。可牛德成病体稍愈，又立马投身到紧张的工作中。

"工资卡给你，说不定哪天我睡着就醒不过来了，卡里的钱正好可以留给你和孩子们。"

许是牛德成和妻子开的玩笑，妻子却唏嘘不已，泪水涟涟。

…………

是啊！如果你渴望前行，再难也不会停下脚步；如果你拥有梦想，再苦也不会轻言放弃；如果你执着追求，再累也不会有所畏惧。

无论前路多崎岖坎坷，牛德成从没停下过脚步，放弃过梦想。他在执着追求的征程中矢志不渝，勠力前行！

鎏金名片

牛德成的创新来自生产一线，来自施工过程中遇到的具体问题。他所有的技术创新都紧紧围绕实践。

他所创新研制的电力施工机械设备成了国网成武县供电公司的金字招牌。

创新之果，贵在转化。他的创新成果也确实转化成了生产力。

30多年来，他带领科研团队攻坚克难，攻破一个个实用技术难题，成功科研出一项项技术成果，研制出一系列电力施工设备。这些科研成果应用于生产一线，各个接地气，各个超实用，使施工效率大幅提升，极大地降低了施工难度，节约了施工成本，解决了电网改造和电力施工等方面的诸多难题。

他研制的"多功能电力施工车""电线杆旋切机""电线杆钻孔机""配网标准化预制平台""微型遥控开沟机"等技术创新成果解决了农村配网工程建设中线路架设损坏农作物、大型施工机械无法进场等问题，填补了国内农网升级改造中施工机械的空白。他研制的"配电台架生产智能化平台"，可以精准截断各

⊙ 牛德成工作照

类导线、精确剥除导线绝缘皮、精细制作拉线夹、精美扎线，并使上述工作实现了自动化。

这些技术创新成果也得到了转化，仅多功能施工车就生产了几千台，应用到当地137个供电所，并销往安徽、河南、山西等6省，创造利税上亿元。

30多年来，牛德成所研制生产的电力施工设备累计出售2000余台，实现销售收入1亿多元，利润2000万元，增收节支总额3000余万元，节约人工及机械费用80%以上，经济效益显著。

实用技术转化为成果，牛德成成了这些机械设备的代言人，他代表国网山东省公司参加上合组织国家职工技能交流营和第四届国际创新创业博览会成果展示等多项国际、国家技术交流活动。

牛德成说，人生中最难超越的是自己，但最需要超越的也是自己，因为只有超越自己，才能不断创新。

一次次通宵达旦，一次次推倒重来。他从没停止过创新的脚步，他一直在战胜自己，超越自己。

他不囿于电力技术创新，走出了电力行业，先后为水发集团研制出覆膜机，为环卫部门研制出具备扫地、吸尘、洒水等多种功能的环卫车……

看到自己的一项项成果转化为产品，提高了效率，创造了效益，牛德成满满的获得感、成就感和荣誉感。

一个普通电力工人的技术创新产品像一张耀眼的名片，活跃在齐鲁大地上，并遍及大江南北……

⊙ 牛德成发明的电线杆旋切机

⊙ 牛德成发明的万向钻孔机

⊙ 牛德成发明的第一代拉线制作机

⊙ 牛德成发明改造的第二代拉线制作平台

⊙ 牛德成工作照

第七章　星光闪耀

扫码解锁

◉群英颂歌◉发明历程
◉创新不辍◉奋斗底色

荣耀时刻

2018年4月26日傍晚，牛德成正在试验车间调试第四代多功能施工车。正当他关注着每一个细节时，突然，手机铃声响了起来。他拿起电话时，仍目不转睛地盯着试验台上的机器。电话那头传来喜讯：他获得了全国五一劳动奖章，明天上午9点要准时赶到济南领奖。

一时间，喜悦和自豪填满牛德成的心头。可试验进入关键节点，如果停下来就会半途而废，需要从头再来。短暂的喜悦过后，他冷静了下来。

"继续调试！"他告诉身边的同事。

就这样，他和同事们一遍一遍地调试，一遍一遍地纠正，终于攻克了这个技术难题。不知不觉已到了凌晨4点，同事提醒他，9点还要去济南领奖，这时，牛德成才恍然想起这件要事。

牛德成没有休息，更没顾得上梳洗一番。他带着疲惫和喜悦，在黎明时分出发，匆匆赶往济南，去领取无数工人师傅都渴望获得的这份荣誉——全国五一劳动奖章。

四月的泉城，万物萌动，生机盎然。行走在繁华之间，荡漾着春天里的期盼和向往，在通往山东会堂的路上，牛德成忘记了疲惫，忘记了劳累，心中那枚金光闪闪的奖章让他充满了朝气和自豪，充满了期待和向往。

当牛德成走上山东会堂的领奖台时，雷鸣般的掌声响起，他那朴素且略显凌乱的衣着和黝黑的脸庞让在座的人肃然起敬。

就是这样的一位一线工人，赢得了众人向往的荣誉。

"作为国网的一名普通员工，我只是在工作岗位上尽心、尽力、尽职地做了应做的事儿，党和政府却给了我如此高的荣誉。这份荣誉对我而言是激情奋进的动力，更是沉甸甸的责任与使命。我一定不负期望，更加专注、不断学习、忘我工作、不断进步，和团队一起团结协作、勠力创新、攻坚克难、追求卓越！"站在领奖台上，牛德成感慨万千……

牛德成心里一直惦记着他的多功能施工车，上午领完奖，下午他就匆匆赶了回来。县里要给他举行庆祝仪式，他谢绝后，又一头扎进了试验车间。

对牛德成来说，获得全国五一劳动奖章是荣誉，但更多的是压力和责任。他坦言，这份荣誉是站在公司这个平台上取得的，是"牛德成创新工作室"这个团队共同努力的结果。

他把金灿灿的全国五一劳动奖章挂在了创新工作室最显著的位置，并告诉团队的同事："它属于我们整个团队。获得全国五一劳动奖章是一种成就和荣誉，更是我们团队精诚协作、攻坚克难的最好体现。"

全国五一劳动奖章是对牛德成的激励和肯定，同时也是对他创新奉献的一种回报。

⊙ 2018年，牛德成以全国五一劳动奖章获得者的身份参加山东省庆祝"五一"国际劳动节暨省劳动模范和先进工作者表彰大会时的留影

他说，他将继续追随劳动之路，发挥劳模作用，服务于团队和社会，研究出实用性更强的技术成果。

辉耀泉城

2019年1月5日，泉城济南，元旦欢乐的余温依然热烈。

山东电视台演播大厅内张灯结彩，"齐鲁大工匠"颁奖典礼在这里隆重举行。

患有强直性脊柱炎的牛德成步履蹒跚地走上领奖台，引起阵阵掌声。现场观众在对其展现的工匠精神充满敬佩的同时，也对这位常年坚守在基层一线的电力工人的身体状况表示担忧。

"您姓牛，您的同事都说您是鲁西南的老黄牛，那您身上这股犟劲儿是从哪儿来的？"主持人开玩笑似的开场白，让稍显拘谨的牛德成放松了许多。

"我姓牛，真的有一个牛脾气。无论多少挫折，我都能坚持到底。大家送我外号'犟牛'，时间一长就喊成'老黄牛'了。"牛德成朴素、诙谐的言语让现场观众肃然起敬。工作在一线的电力工人常年风餐露宿，竟然还这么乐观豁达，这种向上的精神也是新时代产业工人的真实写照。

在颁奖晚会现场，牛德成说，大蒜入库季节是供电最关键的节点，线路稍有问题，就会给客户造成很大的损失。2009年大蒜入库时，为确保零停电、零事故，他在供电所里连续值班了一个多月，家里的大事小情全都交给妻子打理。

在一次夜间巡查线路时，他突然头晕、胸闷、呼吸困难，同事们立马把他送进医院，检查后直接推入手术室。幸亏救治及时，才捡回了一条命。当时的情况非常危急，牛德成的描述却轻描淡写，仿佛置身事外。

主持人深有感触地说："一颗匠心，一种老黄牛的品格。从牛师傅身上，我们看到了什么是'俯首甘为孺子牛'。"

在谈到没能见到父亲最后一面时，牛德成流下了痛苦的泪水。

在领奖台上，他眼含热泪，深情地向逝去的父亲告白："爸爸，我没有辜负您的期望，我成功了，我会继续努力的！"

现场的观众被深深感动了，雷鸣般的掌声持续好长时间，响彻演播大厅。

会上，全国最美职工、首位获得国家科学技术进步奖二等奖的女性工人、国网浙江省电力有限公司电力科学研究院高级技师黄金娟为牛德成颁奖。

黄金娟兴奋地说："我从牛师傅身上，看到了我和我的团队，还有各行各业工人朋友们奋斗的影子。热爱岗位、精益求精、无私奉献是我们的初心，向牛师傅致敬，让我们一起加油！"

正如组委会给牛德成的颁奖词：心系新农村，巧创电网施工设备惠民生。大匠能忘我，带病求索实干方能梦成真。以牛德成为代表的工匠们发扬着老黄牛精神，抒写出一首首时代赞歌。

⊙ 上图　2019年，牛德成在山东电视台"齐鲁大工匠"颁奖现场的留影
⊙ 下图　牛德成参加"劳模工匠进校园"宣讲活动时留影

"职工院士"

春风送暖，万物复苏。

一场百万职工全员竞相创新创效的大赛正在齐鲁大地展开。

2022年2月21日，山东省职工创新创效动员大会在济南隆重召开，全省工作在生产一线的优秀职工代表云集一堂。

"特等奖两项，每项奖励100万元；一等奖20项，每项奖励20万元……"

随着2021年度山东省职工创新创效竞赛省级决赛结果的公布，牛德成带领他的团队荣获了特等奖，他也成了山东的"职工院士"。

从最初的默默无闻到崭露头角，再到如今聚光灯下的闪亮登场，牛德成终于成了新时代山东产业工人队伍中一个敢向虎山行的"新面孔"、手可摘星辰的"新偶像"。

30多年来，牛德成获得的荣誉数不胜数。他先后荣获"国家电网有限公司首席专家""全国五一劳动奖章""齐鲁首席技师""齐鲁工匠""齐鲁大工匠""全国十大创新工匠""山东省富民兴鲁劳动奖章""泰山领军人物"等荣誉，享受国务院政府特殊津贴。他所领衔的创新工作室被山东省总工会命名为"牛

⊙ 2022年，牛德成（左四）的团队获得山东省职工创新创效竞赛特等奖时留影

德成劳模创新工作室"，被中华全国总工会命名为"全国示范性劳模和工匠人才创新工作室"。

2022年12月2日，CCTV17《我爱发明》栏目，以《老牛的执着》为题，对其进行了专题报道。

从仰望星空到自放光芒，牛德成，这位一线电力工人一直奔跑在追梦的路上，创造了一个又一个奇迹……

萧山论剑

金秋十月，丹桂飘香，杭州萧山迎来了一年中最美丽宜人的季节。

2019年10月24日，"第十五届中国工业论坛暨首届绿色新兵工业博会"峰论坛在杭州国际博览中心举行，2019年中国创新工匠高峰论坛这一平行论坛也同期举行，全国"创新工匠""班组创新工作室"首次亮相萧山。

在这里，牛德成荣获了"全国十大创新工匠"称号，捧回了一块沉甸甸的奖牌。

这次论坛给荣获"创新工匠"的企业普通员工搭建起交流、研讨的平台。

这些创新精英围绕如何确定创新思路，又如何处理正常工作和创新之间的关系等议题各抒己见，展开了深入的论述和研讨，并当场向大家分享他们的创新成果。

当这位黝黑的一线电力工人走上讲台时，会场鸦雀无声，来自全国各地的精英们迫不及待地想听他的真知灼见。牛德成说：

创新来源于生活，创新来源于生产，创新来源于对工作的思考，创新来源于解决工作中的问题时迸发的灵感火花，创新更来源于爱岗敬业的劳模精神。打造一支能创新的队伍，就要为这支队伍赋予创新的灵魂，只有将创新的思想置于灵魂深处，才能勇于创新，才能乐于创新。创新的源泉应在生产的过程中挖掘。

创新力，来源于问题意识。常言说，树打根起，烟从灶起。工作中遇到的问题，总是有原因的，找出原因就有了答案。供电所是工作在基层的班组，改善营商环境，提高供电保障能力，需要服务模式的创新、生产方式的改进和技术工艺的提升，而我们一线职工最有发言权。在许多具体工作中遇到的设备瓶颈、技术短板、岗位难题等，都需要我们充分发挥主体作用，自觉带着问题想问题、看问题，在"为什么""怎么办"中去钻研，进而解决问题。一切都要从实际出发，搞研究、搞发明就是要解决实际问题，既不能急功近利，又不能利欲熏心。

创新力，来源于专注执着。创新，离不开锲而不舍、精益求精的工匠精神。因为这是一场寂寞的长跑，必须有执着的劲头、求新的品质、永恒的初心。如果舍不得下苦功、坐不住冷板凳，没有水里走、火里钻的勇气，是不可能摘取成功果实的。实践告诉我们，无论干什么事情，只要专注执着，心思用到了，功夫下到了，"轻兵小卒"同样可以大有作为。张飞能拿绣花针，我老牛何尝不能拼！

创新力，来源于良好环境。"谁能在创新中出力，企业就成就谁出彩。"这句话在我们山东电力系统叫得特别响。多年来，公司积极为职工搭建创新实践平台、创新展示平台、技术交流平台，主动当好职工创新的支点和梯子，为职工添动力、注活力，雪中送炭、续火添柴，点燃了职工想创新、敢创新、善创新、乐创新的激情。比如我的创新项目，企业都给予重点扶持，并全部进行推广转化，还建设了一万多平方米的生产基地，增强了生产能力。

创新力，来源于团队力量。你问我制胜法宝是什么，作为"土专家"，如果单打独斗我们是拼不过"洋博士"的。但是我们有团队精神，有集中力量办大事的优势，有为国家争光、为企业争气的初心，大家眼往一处看，劲儿往一处使，越干越成熟，越干越自信。漫漫创新路上，我们披荆斩棘，是团队的力量、团队的精神凝聚出了创新的动力。

牛德成质朴的语言、独到的见解，赢得了专家、学者的赞许，赢得了与会人员雷鸣般的掌声……

"牛"言"牛"语

"草根达人"牛德成不仅练就了过硬的匠心技艺，更对师徒传承有着独特的心得。多年来，他始终坚持"人人上讲台、个个当专家"理念，他的"牛"言"牛"语激励着身边的年轻人。

牛德成告诉身边的徒弟，趁年轻就要多折腾。

创新工作室的成员们始终记得师傅说的那句"安全是咱们的命根子"。

刚参加工作不久的崔宝林和不少新员工一样，对现场安全器具的使用不太熟悉。一次，他和班组成员一起参与线路改造的登高作业，他的安全带扎法出了问题，现场年长的班组同事马上帮他纠正过来。

工作结束后，一直在旁观察的牛德成对他们说："大家先不要走，我们总结一下今天的工作吧。"

没有"白板"，他们就找了一些石子在地上写出思路，分享安全器具的使用方法和技巧。牛德成告诉他们："安全是咱们的命根子，无论在什么岗位，必须得先把安全放在首位。"

"这次现场总结会给我留下的印象极深。后来，我请教班组里的同事安全带的正确扎法，自己又私下找时间反复练习，再也没有出过错。"崔宝林深有感触地说。

胡丛飞对牛德成多年如一日的辛勤耕耘十分敬佩。不管工作大小，牛德成都认真对待、一丝不苟，总能从日常小事中发现问题、多方思考、善于创新。

"我一开始做不到，总觉得基层工作太细太杂，没有什么值得重视的事儿。"直到有一次，一户居民家中停电。台区经理赶往现场，发现停电原因是电器漏电导致漏电保护器跳闸。

在恢复用电过程中，他们还给用户做了安全用电知识科普。胡丛飞和师傅说起这件事儿，牛德成非常认可，说这就是好选题！

师傅的"牛"言"牛"语指导他们开拓思路。通过不断"选抽评考"，让大家从各个角度提出自己的想法。胡丛飞觉得，如果用户的家中出现用电异常时，能够通过大数据，让台区经理及时获取相应信息，主动与用户联系、沟通，就能变被动抢修为主动服务。

最终，胡丛飞研制出用户停电短信预警装置，获得公司青创赛铜奖。"这份荣誉离不开一线班组的经验。也让我明白工作中其实没有什么事儿是小事儿，有责任有担当，青春才会闪光。"

牛德成经常说："要在立足于本职岗位的基础上，善于思考，勇于创新。"2018年，成武县老城区改造。在大规模的拆迁过程中总会遭遇电缆外破事件。班组成员冥思苦想，希望寻求一种好的方法来解决这个问题。

为了解决这个问题，牛德成召集班组成员，现场考问，但大家还是没有头绪。牛德成一句话点醒了他们："为什么不能在电缆附近加上一条警戒线呢？"从这个思路出发，他们和牛德成一起研制了电缆防外破预警装置，实现了电缆外破迅速报警，极大地降低了电缆外破出现的频率。

牛德成停不下来的大脑一直高速飞驰在创新的道路上，他觉得成功只会留给有准备的人，奇迹只会留给敢于挑战的人。

"德"技并修，厚植工匠精神。

薪火相"成"，集聚育人能量。

甜瓜生于苦秧，匠心贵在坚守。

就这样，牛德成的"牛"言"牛"语成了点石成金的法宝。

代表挚言

2023年1月13日上午，山东省第十四届人民代表大会第一次会议在山东会堂隆重开幕。来自全省各行各业、各条战线的人大代表，肩负着全省人民的重托，会聚一堂，认真履行宪法和法律赋予他们的神圣职责。

在本次会议上，牛德成幸运地作为基层代表进行发言：

作为一名基层国网电力员工，这次我被推选为山东省第十四届人民代表大会代表，我备受鼓舞、深感使命光荣、责任重大。

通过认真聆听和学习山东省人民政府工作报告，总的感受是：报告立意高远、内涵丰富、措施得力，是一份求真务实、振奋人心的宣言；是指导我们迎难而上，加快实现"幸福山东"奋斗目标的重要纲领性文件。

报告中每个数字、每句话，都饱含了全省人民的辛勤汗水、艰苦付出和热切期待，都展示了加快发展的信心和决心，也展示了省委省政府以人民为中心的奋斗精神和意志品质。特别是看到各地城市面貌、民生改善取得的重大成绩，看到重大基础设施日趋完善，这些都象征着山东发展步入"新阶段"，我由衷地感到振奋、自豪。

坚持在发展中保障和改善民生，是省委省政府深入践行以人民为中心的发展思想的生动实践，我们供电公司同样肩负着义不容辞的重大使命。

电力是国民经济发展中最重要的基础能源产业，不仅关系国家经济安全的战略重大问题，而且与人民群众的日常生活、社会稳定有着十分密切的关系。

作为一名乡镇供电所负责人，作为一名成武县社会经济发展的参与者、建设者，我一定会将自己的本职工作干好，主动服务全县城市建设、乡村振兴、营商环境和经济发展。

报告中创新方面的论述，为我们电力基层人员开展创新工作提供了遵循目标和行动指南。创新是引领企业发展的第一动力。

作为成武县供电公司创新工作室负责人，我将带领创新工作室成员全面、深刻领会工作报告的新思想、新理论、新部署、新要求，大胆开展首创性创新探索，积极为职工搭建创新实践平台、创新展示平台。

主动当好职工创新的支点和梯子，引导激励职工开展创新创效，全面营造"创新光荣、创造有功"氛围。继续在当地党委政府和上级公司的大力支持下，实施"内部＋外部"多元合作模式，特别是深化与外部研发企业的合作，全方位、多途径吸引外部科技力量开展联合攻关，在创新发明成果的高精尖和智能化上下功夫。

牢固树立人才是第一资源的理念。依托全国示范性劳模和工匠人才创新工作室，不断厚植职工创新创造沃土，着力建设一支规模充足、结构合理、素质优良的创新人才队伍。特别是要充分发挥典型引领和传帮带作用，培育更多的"大师"和"工匠"，让更多的"牛人"在基层班组涌现、在岗位上迸发光彩。

发明更多创新成果。要开展中低压配网施工设备研发。完成"移动跨越架"和"高空树木清障车"等设备的设计和研发，实现样机的试生产，逐步向市场推广。要完成预制平台和电力施工车项目升级，实现预制平台与电力施工车功能的相互融合，完成由批量生产到精准制作的转变。

作为国家电网有限公司农村用电领域唯一首席专家，我将认真学习贯彻好党的二十大精神和本次政府工作报告，对标"讲政治、精业务、敢斗争、勇争先"的十二字山东电力精神特质，以更好的举措推动公司在服务经济社会发展和践行"一体四翼"中争创一流。

我将把30多年的农电一线管理经验、创新成果、典型案例收集整理，完成《农电管理经验汇编》的编写，并进行宣讲，努力提高农电管理服务水平。

牛德成精彩的发言，受到与会领导的高度赞赏。

⊙ 2023年，牛德成参加山东省第十四届人民代表大会第一次会议留影

第八章　多彩人生

扫码解锁

◉群英颂歌◉发明历程
◉创新不辍◉奋斗底色

百米长卷

2021年7月1日，全国各地都以不同的方式庆祝中国共产党百年华诞。国网成武县供电公司更是别有一番景象：一幅写着毛主席诗词的百米隶书长卷宛若长龙，横亘在院内。其气势令人叹为观止。而这幅百米长卷的书者就是牛德成！

一个风里来雨里去的一线电力工人，甚至连初中都没毕业，竟能写出这么一手不亚于书法家的好字。

牛德成写的隶书刚柔相济，高低有趣；字字法度严谨，却又展示着惟妙惟肖的生命意象。人们不得不被折服。

百米长卷以《贺新郎·别友》开篇，字体工整精巧，兼容并蓄，博采众长，落笔轻重顿挫，韵律富有变化。

30多年来，牛德成养成了一个雷打不动的习惯：每当科研攻关进行不下去的时候，他就拿起笔，练习书法；每当施工回来感到劳累时，他也会拿起笔，以练字缓解疲劳。

当同事们在麻将桌前"垒长城"时，他伏案而书；当朋友们推杯换盏、觥筹交错时，他游走于笔墨之间。

牛德成说，他把练习书法当作自己的娱乐项目。

在牛德成的心里，书法内涵丰富、博大精深，富有妙趣，在创作中可以获得唯美的享受、哲思的启迪、心灵的净化。

牛德成是一名老党员，对党怀有深厚的感情。他觉得自己的每一项成绩，都是在党的政策感召下取得的。党的百年华诞即将到来，他别出心裁，要用书法表达自己对党的热爱，对祖国的祝福。

于是，怀着对领袖的无比崇敬和对党的赤胆忠心，他精心挑选了毛主席的86篇诗词，开始了百米长卷的创作。

正常的工作不能耽误，还要在七一前完成创作，牛德成惜时如金，执着投入。

为尽快完成百米长卷，牛德成忙里偷闲，谢绝一切应酬，把家中的事务全都交给妻子打理。每天下班后，他不顾一天的劳累，一头钻进工作室里，铺开宣纸，挥毫泼墨。

怀着对伟人的敬仰之情，他一边虔诚地写下每一首诗词，一边感悟着毛主席诗词中的磅礴力量。

从"红军不怕远征难，万水千山只等闲"的万里长征，到"钟山风雨起苍黄，百万雄师过大江"的渡江战役；从"中流击水"展现出的"不管风吹浪打，胜似闲庭信步"的从容淡定，到"为有牺牲多壮志，敢教日月换新天"的壮志豪情；从"敌军围困万千重，我自岿然不动"的英雄气概，到"雄关漫道真如铁，而今迈步从头越"的气贯长虹。

…………

⊙ 2021年，牛德成书写百米长卷留影

毛主席笔下的雄词丽句堪称纸上波涛，笔下惊雷，尽情而又豪放地展现出了激越豪迈的艺术风格。

牛德成挑灯夜战，奋笔疾书。原计划用2个月时间完成的作品，他却只用43天就完成了。

精心装裱一张张宣纸，汇聚成百米长卷，牛德成为党的百年华诞献上了一份特殊的礼物。

反哺跪乳

羊有跪乳之恩，鸦有反哺之义。

千百年来，这个朴素的道理流淌在中华民族的血液里，更铸造了中华孝文化的深厚根基。

孩提时代，"啮指痛心""九龄温席"的故事深深烙在牛德成幼小的心中。

在这种文化的熏陶下，牛德成怀感恩之心，存善意之举，书写着诚实、守信、善孝的精彩人生。

在同事们心中，他不仅是技术创新的代表，更是善孝的化身，是"德才兼备"一词的代言人。

贫穷时，他是家中的顶梁柱；困难时，他是家中的主心骨。他为家人树起了勤劳朴实、孝贤善良的标杆。

牛德成的母亲年老体弱，并患有慢性肠胃病。为更好地照顾母亲，牛德成把她接到自己家中，并在母亲的床边加了一张床，晚上就睡在旁边，生怕母亲深夜不适无人侍奉。

只要不出差，他每天都要和母亲唠唠嗑，陪着她老人家吃饭。出差在外地时，他总是叮嘱妻子照顾好母亲，并不时打来电话，嘘寒问暖，唯恐母亲有半点孤单。

母亲身体十分硬朗，眼不花耳不聋，还经常展示自己年轻时学的刺绣手艺，为晚辈们绣小饰品。

她不但为儿子取得的成绩高兴，更为儿子的孝顺而欣慰。生活在孩子们的嘘寒问暖中，母亲安度着幸福的晚年。

在牛德成的悉心照料下，他父亲的身体也一直很好，没有什么大毛病，这让他能够把更多的时间投入工作中。

父亲常常告诉牛德成："我和你妈妈尽量不给你们几个孩子添麻烦，我们身体健康是对你们最大的支持。"

就在牛德成放手投入工作中时，在没有任何征兆的情况下，深夜，父亲突然不省人事。

出差在外的牛德成一接到母亲打来的电话，就驾车风驰电掣般地往家赶。

父亲在重症监护室里整整住了一个星期，牛德成也在医院的走廊里待了一个星期，他以地为席，一直守护着重症监护室里的父亲。

他害怕父亲再出意外，更害怕父亲永远地离他而去。

牛德成不仅孝顺自己的父母，对岳父母也非常孝顺，尽心尽力地照顾着他们。

2013年，牛德成的岳父患上了脑萎缩，行动不便，他就想办法设计出方便岳父行走的步行车，解决了岳父行走的困难。

后来，岳父身患多种疾病，生命的最后时光几乎在医院度过，牛德成更是跑前跑后。

岳父弥留之际握着牛德成的手，眼泪簌簌落下。

2017年，牛德成的岳母突发脑血栓。他带着岳母跑遍了单县、菏泽、济宁、济南等地的各大医院，想方设法给岳母治疗。如今，在他的悉心照料下，岳母的病情好转，安度着幸福的晚年。

守护着两位年逾九旬的母亲，年过五旬的牛德成感到了从没有过的幸福。

娘在家在，娘不在人生只剩归途。

他说，累了、倦了、困惑了，可以跟老娘唠唠嗑，可以在老娘面前撒撒娇。世界上最幸福的事儿莫过于有娘叫，有娘疼！

永远的痛

每当成功研发出一项技术成果，牛德成就兴奋不已。但兴奋之余，总有一种惆怅压在心头。

父亲弥留之际，他却没有守在身边，没有听到父亲最后的呼唤，没有看到父亲最后一眼。

本来他可以偎依在父亲身边，送父亲最后一程，不给自己留下任何遗憾。

每当想起这些时，这位中年汉子都泪水涟涟，后悔不已。

十年了，那永久的遗憾一直挥之不去，成了他永远的痛。

2014年，年迈的父亲多病缠身，身体一天不如一天，但总体没有什么生命危险，生活在磕磕碰碰中度过。

牛德成是出了名的孝子，父亲病倒后，他跑前跑后，全身心照顾父亲，生怕父亲有半点不适。

上班前，他总要来到父亲跟前，嘱咐他按时吃药；下班后，他给父亲讲听闻的稀罕事儿，让他开心。

在他的悉心照料下，父亲的病稳定了下来，并有好转的趋势。牛德成乐在心中，期望父亲早日康复。

这年秋天的一个夜晚，一场暴风骤雨造成汶上供电所多个台区线路中断，供电线路近乎陷入瘫痪状态。为迅速恢复正常供电，牛德成连夜召集大家进行抢修。

临走前，天还没有亮，牛德成蹑手蹑脚来到父亲的房间，看到父亲已经熟睡，就没有惊动他，悄悄地走了。

可谁知，这竟然是他见父亲的最后一面！

吃过早饭，父亲要母亲给牛德成打个电话，说有话要给儿子说。可母亲无论怎么打，就是无人接听。

从凌晨到深夜，十多个小时，牛德成和工友们一直坚守在抢修现场，无暇接听电话。休息时，牛德成看到有好几个母亲打来的未接电话，就马上回了过去。

也许，父亲有一种预感，知道自己将要离开这个世界，在生命的尽头，他想跟儿子见个面，道个别。

但在电话接通后，父亲却告诉他："今天没看到你，就想和你说说话，没别的事儿，赶快忙你的吧。"

从父亲的话语中，牛德成没有发觉什么异样，可他心里却隐隐感到一种不安。

血浓于水，也许亲人之间真的存在这种心灵感应。可紧张的抢修不能停，瞬间的感应后，牛德成又投入抢修工作中……

夜深了，漆黑的夜空中，万家灯火重新亮起。拖着疲惫的身体，牛德成正准备回家。

此时，手机响了起来。母亲告诉他，父亲已陷入昏迷状态，让他马上回来。牛德成顿时紧张了起来，飞也似的往家赶。

但他还没有迈入家中的门槛，就听到了家人们的哭泣声。

此时，父亲已撒手人寰，离他而去。

猛然间，双腿如铅铸一样沉重，怎么也迈不开步子，他一下子摔倒在地。

家人们搀扶着他，艰难地走到父亲身边，趴在父亲那冰凉的胸怀里，这位中年汉子号啕大哭。

他狠狠地捶打着自己，后悔没有见上父亲最后一面。

他后悔自己没能在最后的时光里，守在父亲身边。

他后悔自己明明有预感，却没有回来。

如今父子阴阳两隔，留下了永远的遗憾。

善行善举

中华传统美德的故事一直深深烙印在牛德成心灵深处。遇到行动不便的老人，他总是上前搀扶；碰到提重物的老人，他都会伸出援手，将物品送至老人家中。

尽管牛德成小时候调皮捣蛋，但他十分懂事。在乡亲们眼里，牛德成是个非常孝顺、充满爱心的孩子。

初一的时候，牛德成上学途中总能看见一对年迈的老人，后来得知老两口儿无依无靠，只有彼此相依为命。

后来每次上学路过时，牛德成都会帮他们打好水放在灶台旁。放学时，他也会顺便从集市买点油盐酱醋等生活用品，给老两口儿送去。每当家里改善生活做些好吃的时，他都会让母亲打包，上学时给他们送去。

参加工作后，回家的机会越来越少。牛德成放心不下两位老人，就会打电话给朋友，一边询问两位老人的情况，一边叮嘱他们替自己照顾好老人。

每逢周末，他都会趁回家的机会，专门给老人买上礼物，然后直接赶过去，给老人准备好一周的食材和柴草。

每逢出差前，他都会把照料老人的任务委托给妻子，让妻子代替他向老人嘘寒问暖，帮助他们解决生活中的困难。

就这样，直到两位老人相继离世，牛德成整整照顾了他们11年。

牛德成还是敬老院的常客，每逢节假日，他总是带着生活用品来到敬老院，为老人们洗头、拆洗被褥，陪老人聊天，照顾患病的老人。

2003年冬天，一位衣着褴褛的老人来到供电所服务大厅缴电费。老人费了好大劲儿从身上掏出一个塑料袋，接着一层一层地剥开，然后用粗糙的手仔细地数着全是一毛的纸币和钢镚。

当牛德成从电脑上调出老人的用电信息时，他吃了一惊。老人家一个月的电费才1块6毛钱。

⊙ 上图　2012年，牛德成（右二）去敬老院看望老人时留影
⊙ 下图　2023年，牛德成（右）在敬老院与老人谈心时留影

面对这样一位老人，牛德成感到不可思议。于是他端出一杯热水递给老人，并询问老人的家庭情况。

老人说，家里老伴有精神病，还有三个患有智力障碍的光棍儿子。老伴晚上发病时，他才会打开电灯，平常摸黑习惯了，极少开灯。

听着老人的讲述，不知怎的，牛德成泪眼婆娑。他从包里拿出钱，替老人付了电费，并塞给老人100元钱。

从此以后，牛德成和所里的工友们常常到老人家里嘘寒问暖，送去生活必需品。

后来，牛德成调离到汶上供电所。临走前，他专程到老人家里道别。他告诉老人："有事跟所里的任何人联系都行，我们随时帮您解决困难。"

这位老人经常与牛德成联系，不论是遇到生活上的困难，还是碰到高兴的事儿，老人总是在第一时间向他诉说，把他当成了贴心人。

一路走来，牛德成当过工人、下过岗、打过工，无论工作顺利、坎坷，生活称心、失意，他助人为乐的习惯从没动摇过、改变过。

在他的人生历程中，充满着虔诚，充满着友善，充满着善行，他把爱洒在了他所走过的每一个角落。

爱心火种

令牛德成没有想到的是，多年前，自己一个不经意的善举，撬动了一个团队，带动了一个集体，创造了一个响彻大江南北的志愿服务品牌——彩虹豆。

牛德成从小就养成了助人为乐的品德，一向心地善良的他遇到身处困境的人，总想倾囊相助。

要是听说谁家的孩子因付不起学费而失学，或是看到谁家生活困难，他总会情不自禁地伸出援助之手，让身处困境的人找到出路，看到希望。

1992年8月的一天，牛德成到汶上中学维修线路。在路过操场时，他看到两名学生总是掉队，就停下了脚步，仔细观察究竟怎么回事。他这才发现这两名学生脚上的鞋子露着脚趾、鞋底随时会脱落，牛德成的眼睛湿润了。

他急忙买回两双鞋子，让两个孩子换上。

夜深人静时，两个孩子破旧的鞋子时不时出现在他的脑海中。这使他久久不能入睡，心里沉甸甸的。他总觉得自己应该为这些家庭困难的孩子做点什么。

于是，从那天起，牛德成开始了捐资助学。

牛德成家庭并不富裕，上有年迈的父母，下有嗷嗷待哺的孩子，全家的收入不足千元。如此微薄的收入维持生计已经捉襟见肘，可他依然挤出一部分生活费资助家庭困难的学生。

短短两三年的时间，牛德成捐资8000多元，资助了15名困难学生，帮助4名农村孩子走出农门，走进了高等学府。

默默中，牛德成的爱心的火种渐渐燃起……

当到新的岗位时，牛德成把"奉献、友爱、互助、进步"的志愿者精神带到了新单位，埋下了生根发芽的种子，孕育出薪火相传的火种。

随着他资助学生的增多，供电所的工友们被他这种无私奉献的精神深深地感动，也加入了捐资助学队伍。

不知不觉中，牛德成点燃的这颗爱心火种慢慢燃烧起来，稚嫩的火苗散发出浓浓暖意，像一缕阳光洒在美丽的文亭湖畔……

1995年，成武县供电局义工志愿组织初见雏形。牛德成等五名职工组成了志愿服务小组，其宗旨就是向雷锋学习，助人为乐，为民服务。

这支队伍起初是没有自己名字的，后来他们被市民习惯性地称为"电雷锋"。从成立的那天起，他们就利用节假日的时间走上街头为民服务。他们骑着自行车，车上插着小三角红旗，旗上的"为民服务"几个字十分抢眼，成了当时一道亮丽的风景线。

这支小小的队伍在县城设点进行修电器、修钟表、理发等便民服务，并积极帮助孤寡老人、烈军属，继而不断向周边延伸，走到哪，雷锋精神传播到哪，留下了不少动人的故事……

从此，牛德成这幅"个体素描"徐徐展开，吸引着越来越多的爱心职工走进这幅"集体素描"里……

牛德成和其他4名成员的一言一行、一举一动影响着周围的人。爱的正能量像磁铁一样，吸引着身边的同事，越来越多的人主动加入志愿服务队伍当中。

短短半年多的时间，成武县供电局义工志愿服务队伍发展到了60多人。参加的人越来越多，规模越来越大，牛德成提议，应该给志愿组织起个名字。"我们做的都是不起眼、平凡的小事儿，就应该起个不起眼的名字。"牛德成说。

人们都说供电系统就像一道彩虹，而每一位成员都像一粒小小的豆子。猛然间，牛德成脱口而出："彩虹豆！"

于是，成武县供电公司的志愿服务队就有了一个响亮的名字——彩虹豆。

就这样，牛德成以他的星星之火，点燃了彩虹豆这支誉满齐鲁大地的志愿服务队伍的热情。彩虹豆的爱心之火熊熊燃烧，广泛传递着爱与温暖，迸发着超强的正能量。

在近30年的漫长岁月中，彩虹豆由火种到火苗，再到熊熊火焰，一代一代薪火相传。其喷发的能量温暖着、庇护着数不尽的孤寡老人、失学孩子和人生路途中面临困境的人。

寒冬里，他们像一束火把温暖着"天下寒士"；酷暑中，他们似一股甘露清凉着"禾苗小树"。

目前，成武县彩虹豆志愿服务协会已有注册会员500多人。他们乐于助人的精神将生生不息，薪火相传，爱心之火已熊熊燃烧在齐鲁大地。

壮哉！

一粒火种燃起一团熊熊烈焰，一个人带动一支志愿服务队伍，一种精神汇聚成一种向善力量。

⊙ 2023年，牛德成（居中）参加彩虹豆志愿服务活动留影

尾声　魅力感召

《钢铁是怎样炼成的》作者，苏联作家奥斯特洛夫斯基在书中写过这样一段话："人最宝贵的是生命，生命每个人只有一次。人的一生应当这样度过：当回忆往事的时候，他不会因为虚度年华而悔恨，也不会因为碌碌无为而羞愧；在临死的时候，他能够说：'我的整个生命和全部精力，都已经献给了世界上最壮丽的事业——为人类的解放而斗争。'"

蓦然回首，牛德成感慨万千。

没有惊心动魄的故事，没有色彩斑斓的传奇。平凡而真切，淳厚而朴实。

可他在平凡的岗位上，像小草一般为人间增添新绿，像蜡烛一般为人们增添光亮，他更像一头默默奉献的孺子牛、拓荒牛、老黄牛，引领供电施工技术的创新。

让我们用山东省成武第一中学的黄琳铄同学在首届山东省青少年科技节科普作文征集活动中获奖征文的一段话，向这位身边的"科学家"致敬：

作为一名"土专家"，牛德成已化身一颗螺丝铆钉在铁塔脚下，已化作一抹彩虹照亮千家万户……

他成了我们身边众人羡慕的"科学家"！

在平常生活、学习中，我们都觉得科学家离我们很遥远，科学家都工作在大城市的研究院、科研所里，而牛德成这位身边的科学家更值得我们学习，值得我们敬仰！

从牛德成身上，我看到了一种执着拼搏的精神、一种永不言败的精神，而这种精神正是科学精神的精髓，正是我们中华民族走向复兴的瑰宝！